शाश्वत दार्शनिक चिन्तन-धारा

काल-चिन्तन

आत्मलोचन

राजेन्द्र अवस्थी

डायमंड बुक्स

ISBN : 978-81-288-3830-9

प्रकाशक : डायमंड पॉकेट बुक्स (प्रा.) लि.

X-30, ओखला इंडस्ट्रियल एरिया, फेज-II

नई दिल्ली-110020

फोन : 011-40712200

ई-मेल : sales@dpb.in

वेबसाइट : www.diamondbook.in

संस्करण : 2012

मुद्रक : जी.एस. इन्टरप्राइजिज

KAAL-CHINTAN : AATMALOCHAN

By Rajendra Awasthi

आमुख

विगत पचास वर्षों से निरन्तर 'काल-चिन्तन' लिख रहा हूँ। क्यों और कैसे लिखता हूं, नहीं जानता। हमें पता नहीं हम क्यों और कैसे आये। हमें तो यह भी पता नहीं, कब कैसे चले जाएंगे।

पाठकों की जिज्ञासापूर्ण प्रतिक्रियाएँ ज्ञानार्जन के मार्ग की अद्भुत क्षमताएँ हैं। मुझे प्रसन्नता है, पाठकों ने इसे अपनाकर अपनी चिन्तन-प्रेरणा को जन्म दिया है। अनेक बार पूछा जाता है, 'आप काल-चिन्तन कैसे लिखते हैं ? कब लिखते हैं?' एक बात स्पष्ट करना आवश्यक है कि यह चिन्तन-धारा मेरी निजी जीवन-यात्रा है। प्रेरणा-स्रोत है मेरा मस्तिष्क। काग़ज़ और कलम सहभागी हैं। शान्ति और सूनापन सृजन-भूमि हैं।

मैंने जब 'काल-चिन्तन' लिखना आरम्भ नहीं किया था, मैं विश्व-अध्यात्म के अमर ग्रन्थों को पढ़ता था। बाद में मैंने पढ़ना बन्द कर दिया, इसलिए कि मानसिकता की भूमि और चिन्तन-रेखा में मेरे ऊपर किसी का प्रभाव न पड़े। अस्तु, मैं कहना चाहूँगा, यह मेरा निजी चिन्तन है जो परिवेश, अनुभव और 'तीसरी दृष्टि' से प्रेरित है। लिखने के पहले मुझे सोचना नहीं पड़ता। लिखने बैठ जाता हूँ और एक ही धरातल में जहाँ तक, जितना लिखा जाता है, मैं समाप्त कर देता हूँ। लेखन का समय प्रायः देर रात्रि की स्तब्ध नीरवता होता है।

अपने लेखन और अपनी सोच में मैं आधुनिक हूँ। मेरा दृढ़ विचार है कि इक्कीसवीं सदी में भी 'काल-चिन्तन' नित्य नूतन और प्रेरणाप्रद बना रहेगा। हज़ारों-लाखों पाठकों को वह आज भी प्रेरित करता है। आत्महत्या जैसे विचार स्याहीसोख की तरह समाप्त हुए हैं। जीवन के प्रति आशा और विश्वास पाठकों को मिला है।

तथापि अक्षरों में अपार क्षमता है। अक्षर, अमर, अपार क्षमता वाला एक ही संज्ञा से शुरू होता है-'अ'। आधुनिकता मेरी दृष्टि है, लेकिन वह भारतीय उपादानों और भारतीय मूल्यों से अलग नहीं है। संस्कृत-साहित्य के विद्वान यह जानते हैं कि संस्कृत-साहित्य समूचे विश्व-साहित्य से बहुत आगे है। पश्चिम ने जो आज सोचना शुरू किया है, हम सदियों पहले सोच चुके हैं। शंकराचार्य ने भारत को नयी दिशा दी थी। इस विरासत में हमें जीवन के वे अदम्य तत्त्व मिले हैं जो नीत्से, ख़लील जिब्रान, चार्वाक, फ्रायड आदि की तरह उपदेश भले

देते हों, स्वयं नीत्से की तरह पागलपन की हद तक पहुँचकर आत्महत्या नहीं कर लेते। कार्ल मार्क्स को मैं भटका हुआ विवेकशील व्यक्ति मानता हूँ। प्लेटो की भावभूमि अलग थी। इस दृष्टि से मेरा दर्शन अथवा अध्यात्म एकदम अलग है।

जीवन के विविध आयाम हैं, अनेक जटिलताओं के बीच से हमारी जीवन-सरिता प्रवाहित होती है। व्यक्ति से लेकर व्यक्ति तक संवेदनाओं और अ-संवेदनाओं के घेरे हैं। राजनीति के आभिजात्य और कुलीन दरवाज़े कभी खुले हैं तो कभी 'कुर्सी' के महाभारत (देखिए 'कुर्सी' जिसे मुझे तीन बार लिखना पड़ा) में पड़कर सड़ांध और दुर्गन्धभरी सड़कों में बदल गये हैं। मनुष्य की सत्ता कभी समाप्त नहीं होगी, मनुष्य की जिज्ञासा भी कभी समाप्त नहीं होगी और न 'सद्गमय' जैसी चेष्टाएँ समवयस्क बनी रहेंगी।

हमारी समूची जीवन-यात्रा खण्ड-खण्ड में विभाजित है। सुख और दुःख सिनेमा के पर्दे पर चल रहे वे दृश्य हैं जिन्हें चाहे-अनचाहे देखना पड़ता है। सड़क साफ़ है तो कई जगह साफ़ सड़क के नीचे दलदल हैं। गाँवों की सर्पीली गलियाँ किसी वरदहस्त की प्रतीक्षा में सदियों से पड़ी हैं। मनुष्य का मस्तिष्क शान्त है तो अशान्त भी है। सच पूछा जाए तो हम-सब 'मूल्यहीनता' की स्थिति में जी रहे हैं। ऐसी स्थिति में सोचने के लिए यदि 'नूतनाम्बुदमयी' एक बूँद भी मिल जाए तो वह स्वर्ग से गिरी ऐसी बूँद होगी जिससे सीपी बनती है, वही सीपी मोती का स्वरूप लेती है। एक बूँद गंगा के स्वच्छतम क्षेत्र से मिल जाए तो जीवनी-शक्ति बन जाती है।

मैं उपदेशक नहीं हूँ, न कथावाचक; सम्भवतः मैं कोई क्रान्तिकारी आध्यात्मिक व्यक्ति भी नहीं हूँ, शायद बहुत-बड़ा चिन्तक भी नहीं हूँ। मेरा दर्शन मेरी निजी उपज है, वह जूठन-भरे शब्दों का कोश नहीं है। मेरे साथ जीनेवाले और चलनेवाले अनन्त पाठक हैं जिन्हें अँधेरे में प्रकाश मिला है और प्रकाश में अंधकार की वैभवमय शान्ति मिली है। कहीं किसी को मैंने निरुत्साहित नहीं किया, क्योंकि मेरा स्वीकार्य है कि गत ने विगत बनते हुए हमें वर्तमान की सीमा में खड़े रखा है तो आगत उससे अधिक बलशाली होगा। मैं बलवती जिजीविषा का पक्षधर हूँ और अपने आभा-मण्डल में मेरा अटूट विश्वास है। विश्वास लेकर चलनेवाले यात्री को अविश्वास नहीं मिल सकता, मिला है कभी तो गलियों की तरह वह वहीं लौटकर गया है जहाँ से आया था। मेरा विश्वास मेरी मुट्ठियों में कैद है। मैं अपने पाठकों के सामने यह विश्वास-भरी मुट्ठी खोलता हूँ और रहस्यमय एक मूलमन्त्र देता हूँ—अपनी चेतना को दूसरों के हवाले मत करो। किये गये सत्कार्य प्रतिरोधी नहीं हो सकते और संवेदना की गहराइयों को पहचान लोगे तो भय भाषा के शब्दकोश में नहीं रहेगा।

मैं अपने जीवन की गीता भेंट करते हुए अत्यन्त प्रसन्नता का अनुभव कर रहा हूँ। मैं रहूँ या न रहूँ—मेरे शब्द रहेंगे और प्रत्येक जिज्ञासु का मार्ग-दर्शन करते रहेंगे।

—राजेन्द्र अवस्थी

संपादकीय

काल-चिन्तन से साहित्य जगत में विशिष्ट पहचान बनाने वाले, गहन चिन्तन से ओत-प्रोत, उर्वर, बेबाक लेखनी से साहित्य की लगभग सभी विधाओं को संचालित और समृद्ध करने वाले उद्‌भट विद्वान, कालजयी स्वतंत्र चेता संपादक, यशस्वी साहित्यकार, काल-चिन्तक **राजेन्द्र अवस्थी** को क्रूर नियति ने हमसे छीन लिया है।

अपने लेखन और अपनी सोच में आधुनिक राजेन्द्र अवस्थी का सम्पूर्ण **'काल-चिंतन'** अपने समय, समाज और उससे जुड़े अवबोध का जीवन्त दस्तावेज है। उनके 'काल-चिंतन' का क्षेत्र बहुआयामी है। जीवन और जगत की विभिन्न समस्याओं पर प्रस्तुत विलक्षण विवेचन और आकर्षक निष्कर्ष सुधी पाठकों को आनन्द तो प्रदान करते ही हैं, उन्हें सूक्ष्म आत्मनिरीक्षण, आत्मोत्थान और सामाजिक अभ्युदय के लिए भी प्रेरित करते हैं। सच तो यह है कि आज हम 'मूल्यहीनता' की स्थिति में जी रहे हैं। इस संदर्भ में सोचें तो काल-चिंतन की समीचीनता स्वतः स्पष्ट हो जाती है। काल-चिन्तक अवस्थीजी के शब्दों में-**"मूल्यहीनता एक शून्य को जन्म देती है। यहीं से मानसिक गिरावट शुरू होती है। मूल्यहीनता व्यक्ति विश्वास के योग्य नहीं है। इसलिए भी कि उसका चरित्र शेष नहीं रहा। चरित्र यदि गिरगिट बन जाये तो वहां से गिलहरियां भाग जाती हैं।"**

राजेन्द्र अवस्थी वस्तुतः एक सरल एवं स्पष्ट चरित्र का नाम है। उन्होंने काल-चिन्तन की विषयवस्तु सीधे जन-जीवन के अनुभवों, विचारों और आन्दोलनों से ली है।

अवस्थीजी के चिन्तन में भोक्ता का स्वर है जो स्वानुभूत तथ्यों के आधार पर निष्कर्ष निकालता है। उन्होंने स्वयं लिखा है-**"मैं उपदेशक नहीं हूं, न कथावाचक, संभवतः मैं कोई क्रांतिकारी आध्यात्मिक व्यक्ति नहीं हूं। मेरा दर्शन मेरी निजी उपज है, वह जूठन भरे शब्दों का कोश नहीं। मेरे साथ जीने वाले और चलने वाले अनन्त पाठक हैं जिन्हें अंधेरे में प्रकाश मिला है और प्रकाश में अंधकार की वैभवमय शांति मिली है।"**

एक चिन्तक के रूप में अंधकार जैसे नकारात्मक बोध को भी उन्होंने इतना सकारात्मक और सार्थक अर्थ प्रदान किया जोकि एक आश्चर्य से कम नहीं लगता।

आइए आलिंगन करें इस अंधकार का क्योंकि यही हमारे ज्ञान का एक ऐसा घर है जो कभी खाली नहीं होगा। सब खाली हो जाएंगे, सब मिट जाएंगे, यह नहीं मिटेगा। यह यशस्वी अंधकार-रथ हमारे अस्तित्व के साथ अमर है

और अनन्त रहेगा हमारे न रहने के बाद भी क्योंकि रहना मात्र भूतल की संज्ञा, नहीं रहना हमारे विश्वास और अनश्वरता का वह अक्षर है जिसे कालखण्ड का कोई क्षण नहीं मिटा सकता। प्रमाण है अंधकार। नमन है अंधकार।

काल-चिन्तन का एक-एक शब्द, एक-एक कथ्य, एक-एक सूक्ति हमारे मन-मस्तिष्क को झकझोर कर हमें संस्कारित करना चाहती हैं। हमें वर्तमान और भविष्य को उज्ज्वल बनाना सिखाते हैं।

निस्संदेह विषयगत होते हुए भी काल-चिन्तक का प्रत्येक 'चिन्तन' मनुष्यता के प्रगति-पथ पर जलने वाली मशाल है। वे हाथ धन्य हैं जो इस मशाल को थामने के लिए आगे बढ़ते हैं। वस्तुत: श्रेष्ठ चिन्तक वह है जो विचार को प्रभावपूर्ण सरल शब्दों में अधिकतम लोगों तक संप्रेषित कर सकें। वह चिन्तन धन्य है जो खास ही नहीं, आम आदमी को भी अपने आकर्षण पाश में बांध ले और उसे दिव्य चेतना की जीवंत अनुभूति करा दे। मनुष्यों को सत्य की अनुभूति के लिए प्रेरित करना ही चिंतन का मुख्य उद्देश्य है।

प्रस्तुत पुस्तक में संगृहीत राजेन्द्र अवस्थी के काल-चिंतन में इस उद्देश्य की पूर्ति कहां तक संभव हो सकी है, इसका निर्णय सुधी पाठकों पर छोड़ता हुआ मैं स्वयं राजेन्द्र अवस्थी द्वारा कहे गए वाक्यों पर प्रकाश डालना चाहता हूं–

"मैं अपने जीवन की गीता भेंट करते हुए अत्यन्त प्रसन्नता का अनुभव कर रहा हूं। मैं रहूं या न रहूं। मेरे शब्द रहेंगे और प्रत्येक जिज्ञासु का मार्गदर्शन करते रहेंगे।"

काल-चिंतक के ही शब्दों में कहना चाहूंगा– मेरे दोस्त! तुम क्यों शान्त होना चाहते हो। शान्त एक दिन तो होगे ही, वह तुम्हारी जिंदगी की अंतिम सांस होगी! उस अंतिम सांस तक पहुंचने से पहले जितने अशांत रह सको, रहो, दीर्घ जीवन नहीं, हमारी कामना सफल और शाश्वत जीवन की है....।

सफलता की मूल चेतना है अशान्ति! अशान्ति से ही धरती फटती है, भीतर धड़कन होती है और एक अंकुर फूटता है। कालान्तर में वही अंकुर विशाल वृक्ष बनकर अशान्त मनों की छाया देता है। पुष्पित होकर अपने होने का एहसास कराता है।

अपने पिता राजेन्द्र अवस्थी की अनमोल धरोहर 'काल-चिन्तन' प्रस्तुत संग्रह के रूप में आत्मीय पाठकवृन्द के हाथों में सौंपते हुए मैं अत्यंत भाव-विह्वल हूं। इस अद्भुत रचना क्षमता को मेरा कोटिश: नमन!

अंत में, मैं प्रकाशक श्री नरेन्द्र कुमार को धन्यवाद देना चाहता हूं जो साहित्य को घर-घर पहुंचाने के लिए कटिबद्ध हैं और जिनके लिए प्रकाशन व्यवसाय से अधिक तपस्या है।

–शिवशंकर अवस्थी
एसोसिएट प्रोफेसर
पी.जी.डी.ए.वी. कालेज
नेहरू नगर, नई दिल्ली

अनुक्रम

संस्कार : आदमी की पहचान

मन का मैल

कर्त्तव्यनिष्ठ बनें

समयातीत

प्रतिबोध

सहचर

मनुष्य की विडंबना

पश्चात्ताप

मैं स्वयं एक भेड़िया हूं

—सब-कुछ शांत और निस्तब्ध है। भयहीन परिप्रेक्ष्य में वे स्वच्छंद विचरण कर रहे हैं। उनकी जातियां अलग हैं, देश और रूप-रंग की पहचान विभिन्नता के कारण अत्यंत सहज है! अनेक बोलियां हैं, क्रियाकलापों में भी अंतर है, तब भी इनमें समता है। समता का क्षेत्र है—धर्महीनता।

—इनका कोई धर्म नहीं है। तो क्या ये विधर्मी हैं?

—जीवनी-शक्ति जहां होगी, विधर्म नहीं होगा।

—इनका धर्म है : मात्र सह-अस्तित्व।

❑

—मैं जंगल के बीच देश-देशांतरों से आए हुए पक्षियों को देख रहा हूं। बिना किसी पासपोर्ट के इस धरती पर वे निर्भय घूम रहे हैं। मौसमी संकेत उन्हें फिर अपने देश वापस बुला लेगा। तब इस अजनबी धरती में जन्मा सबसे नवजात शिशु अपने दल का नेतृत्व करेगा और अपने देश साइबेरिया वापस ले जाएगा।

—पक्षियों की क्षमता देखिए। एक अजनबी दुनिया से दूसरी अजनबी दुनिया तक का सफर, जैसे किसी ने आसमान में तारकोल की सड़क बना दी है।

—शांति और दिव्य-चेतना की इस भूमि पर खड़े होकर भी मैं परेशान हूं।

—परेशान हूं इसलिए कि मैं पक्षी नहीं हूं, मनुष्य हूं।

—मनुष्यता के नाम पर मैं एक कलंक नहीं हूं। हमारा धर्म सह-अस्तित्व नहीं काली स्याही का वह दाग है, जो किसी मृत व्यक्ति की स्मृति में बनाया गया मजार है।

—देशों की बात भूल जाता हूं मैं, अपने भीतर झांकता हूं।

—हम जातियों और फिरकों में बंटे हैं। बंटकर भी अपने भीतर ही हम एक नहीं हैं।

—हमारी नजरें एक-दूसरे को काटती हैं। हम खून पीना चाहते हैं।

—परेशानी यह है कि अपने को सार्वभौम सत्ताधिकारी घोषित करते हुए भी हमें शेर जैसी शक्ति नहीं मिली कि हम खून पी सकें।

–तब हम खून से खेलते हैं, हत्याएं करते हैं, अपने स्वार्थ के लिए। जाति और धर्म के नाम पर।

–एक आदमी दूसरे से भयभीत है। हर व्यक्ति असुरक्षित महसूस करता है।

–दुनिया का कोई जीवित वर्ण इतना पतित नहीं है, जो अपनों के बीच ही असुरक्षा की भावना में जीता हो।

–अपनी सामर्थ्य की पराजय के कारण नियम और कानून हमने बनाए। बना तो दिए पर हमने ही उनसे धब्बा लगाना शुरू कर दिया।

–फिर हम भी न्याय की फरियाद करने लगे।

❑

–क्या आदमी ऐसा ही होता है?

–अन्य जानवरों की तरह सृष्टि–नियंता की दृष्टि में वह भी एक जानवर है, फिर नियंता ने कौन–से और किससे बदला लेने के लिए सारे दुर्गुण आदमी में ही भर दिए?

–मुझे लगता है, वह भी कभी पराजित हुआ होगा, उसी पराजय में उसने हमारा निर्माण कर पश्चात्ताप किया होगा।

–सत्य है यदि यह तो मैं उसे माफ नहीं कर सकता। वह क्या करेगा, एक राक्षसी वृत्ति जागृत कर वह हमारा खून करा देगा या हमें खून करने के लिए प्रेरित करेगा।

–खून तो हम कर ही रहे हैं और जी रहे हैं एक मूर्ख की तरह कि अपने को शेर भी नहीं बना सकते।

❑

–झील में लहरों के छल्ले हैं, पंखों की फड़फड़ाहट है, मेरा मन तब भी वहां नहीं है।

–जहां सुरक्षा है, वहां से मैं भागता हूं और असुरक्षित अजगर की बामियों के भीतर भागने के लिए आतुर हूं।

–अजगर की बामियां...हां, हर शहर और हर गांव इन बामियों से भरा है।

–हर क्षण भक्षण हो रहा है बामियों के भीतर।

–बामियां यानी एक घर, घर के भीतर ही भक्षण की प्रक्रिया चल रही है और एक–दूसरे को मिटाने के लिए हम आतुर हैं।

–मिटाकर क्या हम बच जाएंगे। जानते हैं हम, नहीं...।

–नहीं बचेंगे तो यह खेल क्यों?

–जिंदगी कुम्हार के हाथ की मिट्टी नहीं है, उसके साथ तब मनमाने खिलवाड़ का अधिकार भी नहीं है।

–हम-सब अनाधिकार चेष्टा करते हुए नियम और कानूनों को तोड़ रहे हैं। सच पूछा जाए तो हम-सबको फांसी के तख्ते पर लटका देना चाहिए।
–एक प्रश्न लेकिन तब भी शेष रहेगा : संबको लटकाने के बाद जो एक अकेला जीवित रहेगा, उसे कौन फांसी देगा!
–दुविधाओं की दीवारों ने घेर लिया न हमें, हम-सब वह अंतिम आदमी बनना चाहते हैं।

❑

–यही चलेगा? ऐसा ही चलता रहेगा? किस अभिशप्त क्षण में मनुष्य जन्म पाया है हमने?
–गर्व से हम कहते हैं भाग्यशाली हैं हम, तभी तो मनुष्य योनि में पैदा हुए हैं।
–मेरी उलझनें अपने ही ताने-बाने में फंसी हैं : मैं सत्य को सिहरता हुआ देख रहा हूं। वह कांप रहा है, कोई उष्मा उसे बचा नहीं पा रही।
–तो सत्य ही वह क्या हुआ?
–सचमुच सत्य कुछ भी नहीं है, वह मानव-मन का सुविधा-भोगी क्षण है।
–सत्य एक शक्तिशाली व्यक्ति का महाकाव्य है।
–सत्य कमजोर और पराजित व्यक्ति का महाकाव्य है।
–आदमी की तरह सत्य भी चींटियों की बामी बन गया है।
–फिर प्रश्न मैं किससे करूं? किससे न्याय की अपेक्षा की जाए?
–सब धर्म, न्याय, आचरण और जिंदगी के हर उपयोगी पहलू को अपनी तरह से परिभाषित करने में लगे हैं।
–ज्ञान के लिखित भंडार-गृह, अनाज के गोदाम बन गए हैं, जिन्हें निरंतर कुतुर-कुतुर कर खा रहे हैं–चूहे।
–शायद किसी एक ने इसलिए कहा है : जगत मिथ्या है। जिंदगी एक भ्रम है।
–मैं शांत और निर्मम प्रकृति के बीच से फिर भी भेड़ियों के झुंड की ओर भागने के लिए आतुर हूं।
–आतुर क्यों नहीं रहूंगा–मैं स्वयं भी तो एक भेड़िया हूं।
–मैं मनुष्य से अलग कहां हूं!

अभिनय

–सनातन!

–सभी कुछ सनातन है और कुछ भी सनातन नहीं है : परिभाषाएं करते समय हम भटके हुए निष्कर्षों से हट जाते हैं।

❑

–कमरे बंद। दिन, सप्ताह, माह और वर्ष व्यतीत हो गए, वह बाहर नहीं निकला। अपने कमरे में बंद बाह्य-जगत का मिथ्याजाल अपने सीमित तर्क और चेतनता से वह अपने-आप बुनता रहा। किसी वीरान जगह में मकड़ी जाला बुनती है और सुरक्षित पाती है वह परिवेश, तो गहरे जल का पूरा पालना बना लेती है। यह सुखद होता है उसके लिए क्योंकि शिकार स्वयं उसमें फंसते हैं और मकड़ी श्रम के परिश्रम-साध्य कार्य से बच जाती है। एक मिथ्या-भ्रम में जीती है वह, सत्य तो यह है कि अनजाने कभी कोई आएगा और स्वच्छता के वातायन–त्रिशंकु-पालने को समेटकर नष्ट कर देंगे।

–मकड़ी की बुद्धि मंद नहीं है, लेकिन मनुष्य की बुद्धि की परख उसे भला कैसे होगी!

–वह एक मिथ्या-भ्रम में जीती है, ठीक उसी की तरह कमरे में बंद व्यक्ति भी अपने को दीवारों से घेरे हैं।

- हर दीवार जेल नहीं होती, परंतु मस्तिष्क मुक्त होते हुए भी जेल हो सकता है।

–शरीरी जेल में मस्तिष्की जेल अधिक बलवती है क्योंकि वहां ओढ़ा हुआ भ्रम विवेक की कालिख से संबद्ध होता है।

❑

–प्रश्न यही उठता है : यह भ्रम क्या सनातन है?

–भ्रम सनातन है तो सामान्य क्यों नहीं है?

–सामान्य नहीं है, इसी से विवेक की भुजाओं को लौह आवरण मिलता है।

–सहज होना तब नितांत आवश्यक है। सहज होते ही पार्वत्य सरिता का पारदर्शी जल दृष्टव्य होने लगता है। यह जल प्रदूषणविहीन है, अतः उसके निवासी सहचर मनुष्य के सम्यक् साथी बन जाते हैं। दृष्टि उठती नहीं।

–सौंदर्य से दृष्टि उठ नहीं सकती, क्योंकि सौंदर्य में प्रबलतम आकर्षण होता है।

–आकर्षण उस क्षण चिंतन पर विजय पाकर अपनी ध्वज-पताका अवरोधहीन फैला देता है।

–ऐसा ही आकर्षण महासागर के अगाध जलधि में होता है। जहाज पर खड़े होकर लगातार जलधि की गहराई को देखिए, वह खींच लेगा और आप छलांग लगा देंगे।

–यानी मनुष्य देहधारी प्राणी को आकर्षित कर अपने भीतर खींच ले, सौंदर्य का इससे बड़ा प्रतिमान क्या है?

–खिले हुए पुष्प, नील-वातायन, समरस चेतन की हरीतिमा और नितांत शांत जहां अपनी श्वासें भी गिनी जा सकें–सौंदर्य की ही एक इकाई है।

–सच पूछें तो सौंदर्य खंड-खंड, विखंड बिखरा हुआ है : वह नैसर्गिक विस्तार में है तो प्रिय के मधुद्वार में भी।

–प्रिय का मधुद्वार सौंदर्य के ऐसे आयाम सृजित करता है कि वहां मधुमक्खी का रसमय छत्ता बन जाता है।

–मधु के छत्ते में कौन कैद नहीं हो जाता! कौन आत्म-विस्मृत नहीं हो जाता, जहां प्रिय का मधु पेयस से लबरेज है।

–सृष्टि की सार्थकता इसी में है कि वह प्रत्येक सौंदर्य को अलग रखते हुए भी उसमें एकात्मकता का संचार करती रहे।

–सौंदर्य इसलिए सनातन है।

–सनातन है सौंदर्य इसलिए सहज है।

–सहज है इसलिए विवेकहीन है।

–विवेकहीन है इसलिए सर्व-चैतन्य है।

–चैतन्य है, इसलिए जीवित है।

–जीवित है, इसलिए आकर्षण की मजबूत भूमि पर खड़ा है।

–मजबूत भूमि पर खड़ा होगा जो, उसे ही 'प्यार' की संज्ञा दी जा सकती है।

–प्यार पारस है :

- प्यार वसंत का मोहक पवन है।
- प्यार तरल पानी-सा गरल है।
- प्यार निर्बंध है।
- प्यार बंधन के समूचे आवरण जोड़ देता है और पवन वेग से भी अधिक गति के साथ भाग सकता है।
- अश्वारोही है प्यार।

❍ प्यार सृजन है, प्यार शांत है और हलचल भरा अशांत भी।
❍ प्यार प्रतिकार का आकांक्षी नहीं है।
❍ निर्बाध प्यार किसी भूमिका के लिए मोहताज नहीं।

❑

–सौंदर्य, प्यार और आकर्षण जीवन के सनातन सत्य हैं।

–संभवतः सनातनता यहीं से परिभाषित हुई है और फिर बयार की तरह विस्तीर्ण हुई है–दोनों-उपादानों में, क्रियाशीलता और निष्क्रियता में, बंधन में भी और अपराधों में भी।

–अतः सनातन बंधन है तो अपराध भी। उपभोग्य है वह तो त्याज्य भी।

–सत्य यहीं भटकता है : मकड़ी के मायाजाल में सत्य विवेकी है तो अविवेकी भी।

–सत्य की परिभाषा एकांगी और स्थित-प्रज्ञ होकर नहीं की जा सकती है।

–इसलिए सत्य समय-सापेक्ष है : कहीं वह श्रेय है, कहीं प्रेय है तो कहीं त्याज्य है।

–सत्य इस तरह विभाजित होगा तो चरित्र के सभी प्रतिमान सम्यक् नहीं होंगे।

–चरित्र काल-खंड, भूखंड और दिग्-खंड में विभाजित है। इसलिए चरित्र की परिभाषा करना फंसा लेना है अपने को अभिमन्यु की तरह, जो चक्रव्यूह को भेद तो सका, छेद नहीं सका।

–दृष्टि भ्रमजाल है, लेकिन वह अवतरित भ्रमजाल नहीं है। अवतार के बाद आक्रामक दुराग्रहों ने उसे आवृत्त किया है इस तरह कि वह गिरगिट-सी बदलती है।

–बदलती कैसे है, यह अपने-आपमें एक प्रश्न है और उत्तर भी यह कि वह स्वयं-उन्मुख न होकर परान्मुख हो जाती है। 'पर' की यह क्रिया मनुष्य की तुरुप चाल है।

❑

–मनुष्य जितना सहज है, उतना ही दुष्ट और विकराल भी। वह सत्य-असत्य, श्रेय-प्रेय सभी को पहचानता है, परंतु पहचानते हुए भी अपहचान का नाटक कर सकता है।

–नाटक करते हुए मनुष्य अपने को यह कहकर बचा लेना चाहता है कि हम अवतरित ही हुए हैं इसलिए जीवन सबसे बड़ा कालातीत नाट्य-गृह है।

–जीवन नाट्य-गृह हो सकता है, लेकिन अपने दुराग्रही कारनामों को बचाने के लिए जब वह नाट्य-शाला में नागफनी उगाने लगता है, तब सब-कुछ बदल जाता है, उस अपराधी की तरह जो अपराध करने के बाद अपने को बचाने के लिए एक तीसरे व्यक्ति का सहारा लेकर न्याय के द्वार पर खड़ा होता है।

–अपराधी कुछ भी करे, न्याय की तुला सारे आवरणों को नंगा कर देती है।

–अतः मनुष्य को अपनी सहजता की परख रखना अपने धर्म का निर्वाह करना है।
–मनुष्य का अवतरण अत्यंत सहज ढंग से हुआ है।
–मनुष्य सुख की चरम अनुभूतियों का पका हुआ फल है।
–सुख से स्वरूप का गठन और स्वरूप को उसी तरह सुखमय और निर्मल स्थिर बनाए रखना ही सनातनता है।
–स्वरूप अनश्वर नहीं है। वह अमिट भी नहीं है : अपने क्रिया-क्षेत्र के मानदंडों के बीच पनपकर वह पहचान पाता है।
–पहचान बनाए रखेंगे तो अशरीरी होकर भी अनश्वर होंगे। पहचान में दर्पण की दरार उभरेगी तो नश्वरता के निर्मम हाथों में वह उसी तरह मिलेगा जैसे कुम्हार के हाथों मिट्टी पिसती है।
–पिसती हुई मिट्टी तो रूप पा लेती है, मनुष्य मिट्टी नहीं है, अतः उसे अरूपी ही रहना होगा।

❑

–इस समूचे विवेचन का अर्थ है : अपने को पहचान लें तो शेष कुछ भी अपरिचित नहीं होगा।
–अपरिचित नहीं है इसलिए हम कह सकते हैं कि व्यतीत यदि वर्तमान के धरातल पर नहीं ठहर सका, तो वर्तमान भी आगत के आंगन में नहीं ठहरेगा।
–सत्य तो यह है कि पल, हर क्षण व्यतीत से वर्तमान, वर्तमान से भविष्य और भविष्य से फिर वर्तमान बनता रहता है। ये तीव्रगति से चलते हुए चक्र की तरह हैं।

❑

–बीत रहा है वर्तमान। यही वर्तमान कल व्यतीत हो जाएगा और हम उस भविष्य के सपनों में डूब जाएंगे, आशा और उल्लास के साथ, भूलकर यह कि हमारा विश्वास आंख की हर पलक के साथ छला जा रहा है।
–यह क्रम है, विक्रम नहीं कर सकते हम उसे।
–आइए, आज हम मंदिरों में घंटियां बजा लें, मस्जिदों में अजान पढ़ लें, गिरजाघरों में दीप जला लें और गुरुद्वारों में अलख जगाते स्वर छेड़ लें।
–आज तो आज ही है न, आज अभी है न, आज की तात्कालिकता ही उसकी नियंता है–फिर सोच कैसा?
–सोचने के लिए नाट्य गृह के परदे फिर उठने लगे हैं। चलें हम अपना-अपना अभिनय करने के लिए।

यश की कामना

–व्यतीत का एक प्रसंग : स्थान–मोझरी, महाराष्ट्र। संत तुकड़ोजी महाराज और महामना राष्ट्रपति डॉ. राजेन्दं प्रवचन–भाषण था संत तुकडोजी का। उद्‌घोषणा, अब राष्ट्रपति, राष्ट्र–संत को पुष्पहार पहनाएंगे। राजेन्द्र बाबू ने संत का पुष्पहार से स्वागत किया। उसके बाद राजेन्द्र बाबू के उद्‌गार 'लोग परिवार छोड़ सकते हैं, संपत्ति छोड़ सकते हैं, वे संसार भी छोड़ सकते हैं–यश की कामना बड़े–बड़े संत भी नहीं छोड़ पाते।'

❑

–वर्षों का व्यतीत प्रवाह की गति में बहता हुआ, चिंतन का आग्रह करता है।
–कितने सहज ढंग से एक शाश्वत सत्य को उद्‌घाटित किया गया था, कौन नहीं चाहता, उसे यश न मिले, वह श्रेय का भागीदार न बने।
–यश पाना सहज नहीं है, लेकिन पाए हुए को संभालकर रखना अत्यंत कठिन है! श्वेत वस्त्र में लगा हल्का–सा दाग समूची पवित्रता पर प्रश्नचिह्न लगा देता है!
–मिला हुआ यश हल्की–सी फिसलन के साथ अपयश में बदल सकता है! उसे दोबारा वापस पाना हवाओं में सुगंध की खोज है।

❑

–सत्य कहां है?
–निर्मल कौन है?
–पवित्रता मात्र गंगाजल नहीं है!
–चरित्र न तो मौरागी हवाओं का सैलाब है और न किसी भविष्यवक्ता का अमिट दंभ।
–अपने कमरे में कागजी–गुलाब लगा लेने से गुलाब की सुगंध नहीं मिल जाती, उससे बेहतर है गुलाबदान में झाड़ू लगा लेना, ताकि हर पल यह अहसास बना रहे कि जिंदगी नकाबपोशों की लूट नहीं है!
–दूसरों को धोखा देना आसान है, पर यह सोचना कैसा लगता है कि पहले हमने अपने–आपको ही धोखा दिया है?

–धोखे की संवेदनाएं हत्यारे की बाद की मानसिकता से कम नहीं होती। काल-कोठरी में कैद वह हर पल अपने-आपको वैसा ही पाता है–जैसे चूने में किसी ने गरम पानी डाल दिया हो! बेतहाशा खौलता हुआ चूना आपे से बाहर हो जाता है। धोखा देते ही हम अपने यश की चादर का एक टुकड़ा अपने-आप फाड़ देते हैं।

–इसलिए पहरुआ हर रात आवाज देता है, 'जागते रहो।'

–'जागते रहो' किसलिए, चोरी से बचने के लिए नहीं, अपने को बचाने के लिए!

❑

–जिंदगी फेन से उठता हुआ एक बगूला है; वह ज्वालामुखी भी नहीं है और न भूकंप।

–इतने सूक्ष्म क्षण में वह भी उर्वर लावा छोड़ सकती है और आपकी ज्योति को शाश्वत श्रृंगार का स्वरूप दे सकती है!

–आदमी केवल सांसों तक नहीं जीता, वह अशरीरी रहकर भी जीवित रह सकता है!

–जीवित हैं इस तरह जो, उनके सामने बागी भी झुकते हैं और अपने कुकृत्यों की क्षमा-याचना करते हैं!

–देवत्व इसी तरह तो मिलता है : सामान्य से असामान्य बनने की प्रक्रिया यही है!

–उनके यशोगान धरती पर गूंजते हैं, जीवितों की रक्त-शिराओं में नए प्रवाह का संचार करते हैं।

❑

–यहां तक पहुंचने की प्रक्रिया अत्यंत सतर्क और सचेतक पैरों की भूमिका है!

–यह भूमिका यश से एक कदम आगे बढ़ने में पूरी होती है : वह है कीर्ति!

–नहीं मिलती कीर्ति पैसे की तरह सहज।

–कीर्ति बहता हुआ पानी है।

–यश और कीर्ति में भेद है। भेद की संधि-रेखा अत्यंत सूक्ष्म है।

–यह पाया जाता है, यश गाया जाता है। यशोगान की परंपरा का उद्गम यही है।

–कीर्ति फैलती है : चंदन की सुगंध की तरह, वह पवन-रथ पर आरूढ़ हवाओं की ऊंचाइयों तक फैलती जाती है!

–शोधकर्ता यश में शायद एक हल्की-सी सामंती बू खोज सकते हैं, कीर्ति में कोई शोध काम नहीं आएगा।

–यश कुछ प्राप्त होने का श्रेय है!

–कीर्ति में मात्र प्राप्य का श्रेय नहीं है, वह एक जीवन की अतार्किक सच्चाई है!

–मनुष्य की कामना है मानव-धर्म की जीवनपर्यंत रक्षा।

–इस कामना के बावजूद पैर फिसलते हैं और मानव-धर्म में जमी हुई काई की परतें लग जाती हैं!

–काई की परतों को ही कलंक की संज्ञा दी गई है।

–कोई नहीं चाहता, उसके हिस्से में कलंक मिले। इससे बेहतर तो है कि बंटवारा ही न हो और सब समान धर्म और श्रेय तथा अश्रेय के भागीदार बनें।

–होता नहीं है ऐसा!

–यश और कीर्ति की कामना समूची शरीर-व्यवस्था को हिलाकर रख देती है!

–संभवतः इसलिए पारखी कृष्ण ने उपदेश दिया था : कामना मत करो, कर्म करते जाओ!

–किए हुए कार्यों का फल, करने की प्रक्रिया पर निर्भर है!

❑

–गृह-त्याग, धर्मगुरु का अभिषेक और आश्रय-व्यवस्था जीवन की चुनौतियों से पलायन है!

–हारे हुए घोड़े की तरह, ये सब दौड़ से निकाले गए लोग हैं, जो फिर यश-कामना के लिए बामियों के महल निर्मित करते हैं।

–जीवन की चुनौतियों से जूझना और दुर्गम पथों को लांघकर अपने पदचिह्नों की पहचान बनाने में ही सार्थकता है!

–वासना के त्याग की परख वासनामयी स्थितियों में रहकर ही हो सकती है!

–जो अलभ्य है, उसके प्रति उदार अभिव्यक्ति एक अट्टहास है!

–यही एक कसौटी है सोने को परखने की!

–परखने का काम दूसरे के हाथों है, अपना गतव्य और क्रिया-कलाप अपने हाथों!

❑

–अपने हाथ मजबूत क्यों न करें हम, क्यों न जिंदगी से निरंतर जूझते हुए ऐसा जुआ खेलें कि न किसी को लूटें और न किसी से लुटें।

–इस सार्थक सफलता का पहला प्रतिफल होगा–यश, दूसरा होगा–कीर्ति! प्रयत्न करें हम और इनके भागीदार बनें।

–देवता हमसे अलग नहीं है, हमारे भीतर ही देवत्व है, कौन जानता है किस काल-खंड में वह जागृत हो जाए और हम पूजनीय बन जाएं!

–जीवन-धर्म इसी आकांक्षा के लिए ही संघर्षरत है!

सत्य की प्रतिभाषी

–शहर की सड़कों पर चलते हुए डर लगता है।

–गांवों की गलियां कब निर्भय रही हैं?

–मनुष्य का मन व्यतीत के तपोवनों से विभाजित शुद्ध वायुमंडल और नवोतरित प्रदूषित हवाओं से भयाक्रांत है।

–वह भागता है, भटकता है, उसी तरह जैसे भयावह अंधकार में बर्र छत्ते के दावेदार अपने को निरीह पाते हैं।

–रस-कलश मधुमक्खियां अंधकार से पीड़ित हैं।

–तेजस्वी नेत्रों की ज्योति अंधकार का भक्षण बन गई है।

–मात्र एक है : बस एक–वह है उल्लू। उल्लू प्रकाश से भागता है, वह अंधकार का आलिंगन करता है। लगता है उल्लू और अंधकार के बीच जन्मजात अलिखित समझौता है अथवा दोनों ने प्रकृति से समायोजन कर सांस्कृतिक परिवेशों के पक्ष-विपक्ष की साझेदारी मोल ले ली है।

❑

–क्या, कुछ सत्य है, असत्य भी।

–सत्य क्या है, असत्य क्या है, आज भी अपरिभाषित है।

–पाप-पुण्य अव्याख्याति हैं। जीवन-स्मरण मात्र संयोग की सीमा में आबद्ध हैं।

–चरित्र का इतिहास फटे हुए पृष्ठों में बिखरा पड़ा है।

–भोग अपरिभाषित है : संपन्नता के खुले आंगन में वह सौंदर्य प्रतियोगिता है, फटे हुए नंगे वृक्षों के नीचे या गोबर से पुते आंगन में वह प्रश्नचिह्न है।

–कौन, कब, कहां, कैसे लगा जाता है ये प्रश्नचिह्न?

–कौन, कब, कहां, कैसे और क्यों स्वीकार लेता है आहत क्षण?

–हम-सब अवश-विवश हैं, स्वीकारना होता है।

–अवश-विवश किसी निर्मित विधान के तहत नहीं हैं। कुछ भी है, कहीं है, कैसा भी, है तो वह हमारे टूटे-फूटे सामाजिक दायित्व का वही खेल, जो बिल्ली चूहे के साथ खेलती है।

–बिल्ली चूहे को खाना चाहती है, लेकिन सामान्य ढंग से नहीं, वह उससे प्रणय का तांडवमय खेल रचाती है। चूहा क्या समझता है, न यह मनुष्य ने पहचाना और न चूहे ने जाना।

–चूहा अंततोगत्वा मुक्ति को प्राप्त करता है। मुक्ति वह जो कभी बिल्ली को भी मिलती है, आदमी को भी, पेड़-पौधों को, हिंसक पशुओं को–यानी जन्मना जो भी अवतरित हुआ है अंततोगत्वा इसी खेल का शिकार बनता है।

❑

–मुझे कहने दीजिए कुछ : संवाद है यह हमारे और आपके बीच।

–आप भयभीत क्यों हैं? इतिहास को स्वीकारना क्या आपकी अपनी नियति है अथवा ओढ़ी हुई विवशता है।

–आदमी-आदमी के बीच भेद किसने पैदा किया है? किसने दीवारें खड़ी की हैं और किसी ने क्या उन दीवारों को हिलाकर देखा है? कौन है जो पहरुआ है? कौन है जो जागृत ज्योति है? किसने, किसे, कब मान्यता का ज्योतिपुंज पहनाया है?

–हम-सब अंधेरे में जी रहे हैं, इस सत्य को स्वीकारिए। हम-सब बिके हुए पराकांक्षी हैं, इसे समझिए।

–नैतिक-अनैतिक का आवरण अथवा नैतिक-अनैतिक की परिभाषा हमारी लंगड़ी कलम ने नहीं लिखी।

–हम न सहज-साध्य हैं और न बोधगम्य।

–हम न नियंता हैं और न अभिषेक।

–यह भी स्पष्ट कर दूं कि हम चाबी भरे खिलौने भी नहीं हैं। हमारे भीतर महान विस्फोटक शक्ति है।

–मेरी एक बात को गांठ में बांध लीजिए :

❍ मनुष्य की श्रेष्ठता सदियों और समग्र से परे है।

❍ मनुष्य की श्रेष्ठता आकाश और नक्षत्रों को शासित करती है।

❍ मनुष्य अभियंता है, उन सब क्रियाकलापों का जो नाश अथवा विनाश के नाम पर अवतरित हुई हैं।

❍ मनुष्य का मस्तिष्क प्राणवान पहचान का दस्तावेज है।

–मनुष्य नियंता है, मनुष्य अभियंता है, मनुष्य खेलता है और रौंदता भी है।

–समस्त सृष्टि मनुष्य की सहचरी नहीं, बल्कि उसकी आत्मनिर्मित है।

–सहचरी, सहभागी नहीं होती। सहचरी को पदचिह्नों का अवगाहन करना होता है।

–मनुष्य के पदचिह्नों का सृष्टि का धरातल और वायुमंडल अभिषेक करता है।

–मनुष्य स्वामी है, मनुष्य सारथी नहीं है।

❑

–उत्तर देने दीजिए मुझे तब उठाए हुए संवादों का :

–भय निष्ठा की असफलता, कायरता है।

–इतिहास न नियति है, न कायरता, वह मनुष्यता का अज्ञान है।

–मनुष्य-मनुष्य के बीच भेद की अभिव्यक्ति काल्पनिक लक्ष्मण-रेखा है।

–दीवारें हैं ही नहीं, खड़ा कौन करेगा? कभी किसी ने कांच का महल बनाकर मिथ्याभ्रम उत्पन्न किया था, पूछिए उस सदी से कांच का महल कभी बना है? कांच का महल कभी बन सकता है?

–पहरुआ कौन है?

–भटक क्यों रहे हैं आप सब–मन और मस्तिष्क का समवेत समन्वय सबसे बड़ा पहरुआ है।

–जागृत-ज्योति हमारी हर सांस का उतार-चढ़ाव है जो हमें स्वीकारने के लिए बाध्य करता है कि हमारे भीतर अब भी जागृत-जीवन है।

–जागृत-पुंज हमारे संस्कारों का पालना है। ऊपर से ओढ़ाकर संतुष्ट होने का सुख आप पा सकते हैं, यह बच्चे का खुनखुना है। कितने नहीं हैं, जो आजीवन इसी खुनखुने से खेलते रहते हैं।

❑

–अंधेरे में जीना नियति का एक पथ है, लेकिन नियति ही हमारी नियंता नहीं है।

–नियति मात्र आडंबर है। उसके भीतर सहस्र सूर्यों के प्रकाश की क्षमता है।

–प्रकाश भी कहीं आकर बौना हो जाता है, यदि वह सूर्य से उद्भासित हो।

–प्रकाश स्वयं एक महान आभामंडल है। आभामंडल को सूर्य के प्रकाश की गुणात्मकता से नहीं तौला जा सकता। यहां आकर सूर्य भी पराजित है।

–सूर्य पराजित होगा तो?

–अंधकार पराजित होगा तो?

–आप मेरी बात मानेंगे?–इन्हें पराजित होने दीजिए, इसी में हमारा श्रेय है।

–प्रकाश तो हमारी आत्मा का आभामंडल है। आत्मा के आभामंडल को जागृत कीजिए, किसी उपकरण की आवश्यकता नहीं होगी।

–आभामंडल समयातीत है।

–आभामंडल कालातीत है।

–आभामंडल आत्मा का संस्कार है।

–आभामंडल प्रकाश और अंधकार से परे है।

❑

–आज अंधकार का पर्व है और परंपरागत रागों में हम उसका अभिषेक करते हैं।

–कब तक परंपराओं के दरवाजे हम खटखटाते रहेंगे।

–कब तक हमें अजगर की तरह ये परंपराएं बांधे रहेंगी?

–पदचिह्न उनके बनते हैं, जो रागों को विराम देने की सामर्थ्य रखते हैं।

–पदचिह्न उनके बनते हैं, जो अजगर को मात्र एक रस्सी समझकर अपनी भुजाओं में बांध लेते हैं।

❑

–दोस्त! पहाड़ों में आग-उगलते एक जानवर की कल्पना आज भी प्रतिष्ठित है। है, तो उसे रहने दीजिए, रहेगा नहीं तो लड़ेंगे किससे? प्रतिष्ठापित कीजिए कल्पना के पर्वतों पर बर्फ और देवदार के साथ पनपती और शरण देती शिखर-कंदरा को, जो प्रकृति और पुरुष की पहचान है।

–पुरुष की पहचान धरती से होती है। धरती नहीं है जिसके नीचे वहां पौरुष नहीं है।

–पौरुष नहीं है तो शेष क्या है? शक्ति-संचयन का केंद्र कहां रहेगा–योनि में अथवा अधिष्ठाता, महाश्वेता शिव की अगाध शक्तिमत्ता में!

❑

–तो सोच लें हम परंपरागत ढंग से पर्व लक्ष्मी का है, पर्व अंधकार का है।

–एक विलक्षण योनि की अधिष्ठात्री है। वह महाशक्तिमयी और महामायामयी है। हम स्वीकारें उसे। वंदन करें उसका, बंदनबार सजाएं। दीपदान दें।

–हां, दीपदान! वह महामायामयी भी आज एक दीप के लिए तरस रही है।

–हमारा पौरुष उसका दीप बने और उसके दीप से हम अपने जीवन को सजाएं, संवारें, बंदनबार बनाएं, करें स्वागत और अभिषेक।

–व्यवहार हमारा जैसा होगा, उपलब्धि वही होगी। आदर देंगे तो आदर पाएंगे। दीप जलाएंगे तो अंधकार कोने में छिपा लुका-छिपी खेलेगा।

–अंधकार क्षण है, प्रकाश वातायन।

–शक्ति सामर्थ्य है, अवरोध हमारे निकम्मेपन के परीक्षक हैं।

–एक पुरुष का पौरुषेय सनातनता का प्रतीक बनता है, फिर सब मिल जाएं तो?

–तो न भय, न निर्भय, न प्रकाश, न अंधकार, मात्र-शाश्वत सत्य।

–सत्य का प्रतिभाषी है कोई–ईश्वर हो अथवा पुरुष? जड़ हो अथवा चेतन। धरा हो अथवा वातायन! एक सूर्य हो अथवा विभाजित सूर्यों की शक्तियां?

विश्व का सौंदर्यलोक धरती है

प्रेम क्या है?

--एक प्रश्न है : निरंतर तिरस्कृत होना और धोखा खाना लगभग मेरी नियति बन गई है। प्रेम के अभाव में जीवन खोखला हो गया है। बता सकेंगे, प्रेम क्या है?

–प्रश्न नितांत सहज है, लेकिन उतना ही दुरूह है।

–जब हम कहते हैं कि हम किसी से प्रेम करते हैं, तब कहने का अर्थ है, उस पर हमारा अधिकार है।

–अधिकार की आकांक्षा ईर्ष्या को जन्म देती है। वह मन को भावुक और संवेदनशील बनाती है।

–भावुक और संवेद्य व्यक्ति सबसे भयानक होता है। वह आवेग में युद्ध कर सकता है, हत्या कर सकता है, आत्महत्या कर सकता है और उत्तेजितावस्था में स्पंदन की दुनिया को एक सिहरन दे सकता है।

–भावुकता प्रेम नहीं है, क्योंकि उसके पैर नहीं होते। पूजा-पाठ में रत व्यक्ति ईश्वर से प्रेम नहीं करता।

–सहज रूप से कहें : पूजा-भक्ति प्रेम नहीं हैं, क्योंकि वह एक लक्ष्य है। लक्ष्य, लक्ष्य होता है कुछ और नहीं।

–इसे प्रेम की संज्ञा देना गिलहरी की तरह भागना और मन को समझाना है।

–किसी का निरंतर चिंतन और सोच की प्रक्रिया भी प्रेम की परिधि से बाहर है।

–इन क्रियाओं का संबंध वास्तव में मन से होता है।

–मन भटकाव है। मन भ्रांति है। मन परिवर्तन है। मन क्रांति है। मन घृणा है, ग्लानि है। मन रूप, रंग और गंध की परिचित मुस्कान है। मन तिरस्कार है। मन स्वीकार है।

–मन प्रेम को जन्म नहीं दे सकता, वह भटका सकता है या स्वयं भटक सकता है।

–बुढ़ापे को काट रहा आदमी अंगुलियों से माला तो फेरता है, किंतु आंखों और चिंतन से वह माला की गुरियों को मात्र काट (गिन) रहा होता है।

–माला की तरह जब तक मन मध्यस्थ रहेगा, प्रेम नहीं हो सकता।

❑

–प्रेम में याचना और क्षमा वर्जित है।

–याचना और क्षमा में श्रेष्ठता की वृत्ति का संकेत है।

–ऊंचे टीले पर बैठकर प्रेम नहीं हो सकता।

–प्रेम सार्वजनिक वस्तु नहीं है। कई बार वह वैयक्तिक भी नहीं। मैं तो कहूंगा, निजी भी नहीं।

–इसलिए 'सारे विश्व से प्रेम करो, मानवता से प्रेम करो, हर प्राणी से प्रेम करो'–ये सब नारे प्रेम से दूर ले जाने वाले हैं।

–प्रेम बांटकर खाया जाने वाला प्रसाद नहीं है। प्रेम अनेक नहीं है। प्रेम झुंड नहीं है। प्रेम भीड़ नहीं है। प्रेम स्वार्थ या साधना-सिद्धि का मार्ग नहीं है।

–प्रेम चेतन या अवचेतन मन के परे है।

–कोई पंथ, कोई विचारधारा, राजनैतिक चेतना, सामाजिक लक्ष्य, निजी संचेतनाएं–सब प्रेम के विपरीत हैं।

–इनका सहारा लेकर हम मात्र प्रेम का नाटक करते हैं और अपने को बहलाते हैं। शायद हम एक पत्ते की तरह हवा से खेलते हैं और जले हुए कागज के ऊपर उसमें लिखे अक्षरों को पढ़ने का भ्रम पालते हैं।

❑

–जब ये सब वस्तुएं समाप्त हो जाती हैं तब जो कुछ बचता है, वही प्रेम है।

–प्रेम एक मौन है।

–प्रेम परिभाषाओं से परे है। प्रेम पाने की आशाओं से दूर, समर्पण की प्रक्रिया से अनभिज्ञ, वादियों की गूंज, आवाजों के घेरे–सबसे कटा, अलग और अकेला है। प्रेम एक अकेली वस्तु है।

–वह काल की परिधि से बाहर है।

–प्रेम का सूत्र खोजने के लिए पहले अपनी तलाश आवश्यक है।

–जो अपने-आपसे प्रेम नहीं करता, वह अपने बाहर के किसी अवयव से प्रेम नहीं कर सकता।

–प्रेम का माध्यम शरीर है।

–फूलों की गंध, पंखुड़ियों और पराग के भीतर भी कुछ सूक्ष्मतम होता है और वही समूचे फूल को सौंदर्य देता है।

–वही फूल का वास्तविक शरीर है। अर्थ यह हुआ कि हमारे शरीर के भीतर भी एक शरीर है। यह शरीर न कभी खोखला होता, न टूटता और न छला जा सकता है।

❑
–व्यापार करना छोड़ दीजिए, प्रेम अपने-आप जगह बना लेगा।

–जितना अंधेरा होगा, वातायन उतना सौंदर्यमय होगा। उसमें हीरे-मोती और नगीनों की लड़ियां होंगी। विस्तार चादर-सा। चादर जो शुभ कल्पों का बंदनबार है तो वही चादर हमारे संकल्पों की समाप्ति है।

❍ महासागर मेरे लिए हमेशा आकर्षण के केंद्र रहे हैं। आंखें कितना भी दंभ भरें, उसकी अनंत सत्ता को नहीं देख सकतीं। सागर और महासागर में सम्मोहक शक्ति है। निरंतर अथाह जल को देखिए तो वह आमंत्रण देता है। संभाल न पायें तो छलांग भर सकते हैं, उसके प्रेमिल सम्मोहन को अस्वीकारना असंभव है?

❍ महासागर मात्र जलागार नहीं है। महासागरों के भीतर एक वैभवमय स्वप्निल संसार है : उसमें पर्वत हैं, नदियां हैं, खाई हैं, गड्ढे हैं, कोरल हैं, पेड़-पौधे हैं, पशु-पक्षी हैं, विशालकाय जानवर हैं, उनके घर और घरौंदे हैं। वहां सुबह है, शाम है और रात्रि का अंधकार भी है।

❍ महासागरों के भीतर अपनी तरह की महिमामंडित गरिमा है, जो महानगर, नगर और ग्रामों से कम नहीं है।

❍ महासागर के भीतर जलती हुई अग्नि और ज्वालामुखी हैं तो शीतल झरने हैं, प्रलय की शक्ति है तो वह रत्नगर्भा भी है : तेल है, लोहा है, हीरे-मोती हैं, क्या कुछ नहीं, जो हमारी दुनिया को सहज नहीं दिख सकता।

–चेतना का धर्मकेतु धरती यानी 'वसुंधरा' है।

–जागृत जीवन संभवत: मात्र धरती पर भी है, जागृत इसलिए कि व्यक्त और अव्यक्त दोनों धरती पर ही हैं। अव्यक्त उत्तरगामी और दक्षिणगामी है।

–धरती की एक भाषा है, धरती की एक परिभाषा है। धरती पर उपजा मनुष्य 'धरतीपुत्र' से समादृत होता है।

–धरती के विविध परिधान हैं। उनमें आवृत्त स्पंदनशील सुकुमार नारी की वह छुई-अनछुई देह है, जो छुई-मुई है, जो जीवनरेखा है, जिसके बिना सौंदर्य चेतना के सभी द्वार कंस के कारागार लगते हैं।

–धरती की प्रकृति समस्त मनुष्य जाति का इतिहास है।

❍ सभ्यताओं के नूतन-पुरातन इतिहास और नाश-विनाश के भीषण संहार के गँथागार मात्र धरती की समृद्धि हैं।

❍ वह धरती ही तो है जहां व्याघ्र मात्र वनों से नहीं चरते।

❍ वह धरती ही तो है जहां नश्वरता और अमरता के बोल सदियों की संपत्ति बनते हैं।

- विश्व का ज्ञानकोश धरती है।
- विश्व का सौंदर्यलोक धरती है।
- विश्व का इतिहास धरती है। विश्व का जन्मांक धरती है।
- विश्व का नाश और विनाश धरती है।
- विश्व की चेतना का भगीरथ धरती है।

–धरती यानी अमृतघाट : धरती से बहती नदियां निर्मल और स्वादिष्ट जल का भंडार हैं। महासागर में पहुंचते ही उनका अस्तित्व समाप्त हो जाता है। वे स्वाद तक बदल देती हैं।

–धरती पर रहकर कोई जलविहीन नहीं हो सकता और न जलराशि से मृत्यु पा सकता।

–धरती की जलराशि अमृत है, धरती के पर्वत 'माननी कन्या' के अव्यक्त वक्तव्य हैं और धरती के झरने सघन बालों के निर्भय चुनौती देते धुआंधार हैं।

–संपूर्णता में देखें तो कह सकते हैं : समस्त ब्रह्मांड की धुरी मात्र धरती है।

❑

–धरतीपुत्र ने महासागर का मंथन किया है।

–धरतीपुत्र ने अंतरिक्ष के वातायन को भेदा है और अब वहां बस्तियां बना रहा है, जहां एक नई धरती की नींव रखी जाएगी।

लीजिए, आप कहेंगे कहां भटक गए हम? पूछा था दीवारें किसलिए होती हैं? दीवारें किसके लिए होती हैं?

–नहीं, हम भटके नहीं हैं। जो कहते हैं, 'दीवारों के भी कान होते हैं'। वास्तव में वे भ्रमित और शापित हैं, आत्मा सत्याभाष से परे हैं, क्योंकि कान उनके होते हैं, दीवारें तो अवरोधक हैं।

❑

–धरती का वितान अंतरिक्ष है, वातायन है।

–धरती का कुबेर धरती का पद-प्रच्छालन करता हुआ विस्तारित महासागर है।

❑

–सत्य तो यह है कि न महासागर सीमाहीन है और न अंतरिक्ष ही। हमारी सहभागी होती हुई जो हमारे साथ भागती चले वह सीमाहीन कैसे हो सकती है? वह हमारी अंकिनी है, हमारी प्रतिच्छाया है।

–तो दीवार है कहां?

–स्वीकारिए कि अंतरिक्ष की दीवार धरती है।

–महासागर की दीवार धरती है।

–धरती की कोई दीवार नहीं है। कोई दीवार है भी तो वह है : मर्यादा।

❑

–इससे और गहरे तथ्य में डूबिए तो पता चलेगा, हम सबके भीतर एक सत्य है और सत्य एक दीवार है।

–सत्य से निर्मित यही दीवार हमारी शक्ति है, हमारी साधना है और हमारा सृजनशील व्यक्तित्व है।

–यही दीवार हमारा संकल्प बनती है। संकल्प टूटता है तो विनाश को जन्म मिलता है।

–मनुष्य धर्म सत्य का चरमोत्कर्ष है।

–आनंद की इसी असीम सीमा में पहुंचने के बाद दीवारें रहती भी हैं और दीवारें रह भी नहीं सकतीं। वे अर्थहीन हैं।

–एक मिथ्याभ्रम में सर्जन के सघन मेघों ने हमें बाधित कर दिया है, लेकिन...।

–लेकिन जो भी हो, मनुष्य धर्म ने ही प्रश्न किये हैं और उसी ने उत्तर दिए हैं। स्वयं प्रश्न करना और स्वयं उत्तर देने की प्रक्रिया अंततः देवत्व का मार्ग है।

–देवता भी तो मनुष्य ही है न! मनुष्य के ऊपर कौन, कब, कहां देव बना है।

–इसलिए दीवारें उनके लिए हैं जिन्हें बौद्धिक सभागारों की जरूरत नहीं है या फिर उनके लिए हैं, जो जीवन-भर एक झूठ में जीने के आदी हैं।

सर्वोत्तम सुखद क्षण

–एक प्रश्न पूछा गया है, मनुष्य-जीवन का सर्वोच्च सुखद क्षण कौन-सा है?

❑

–सुख का भान स्मृति से उठता है।

–बिजली की कौंध की तरह स्मृति उभरती है और वह एक हल्की मुस्कान छोड़कर चली जाती है।

–एक कथा हमें याद आ रही है। एक व्यक्ति अपनी अंतिम अभिलाषा लिए गंगा को पाने चल पड़ा। निरंतर संघर्ष के बाद वह गंगा के किनारे तक तो पहुंच गया, लेकिन गंगा को पाने से पूर्व ही उसने दम तोड़ दिया।

–कहा जा सकता है, यदि वह गंगा को पा लेता तो संभवत: वह उसके जीवन का सर्वोत्तम सुखद क्षण होता।

–लेकिन संभवत: नहीं भी। गंगा को पाते ही उसकी थकान से भरी शरीर-चेतना इतना कुछ दर्द दे जाती कि वह अपनी व्यर्थता पर पछताता होता।

–गंगा को पाकर उसे जो मिलता, वास्तव में वह संतोष होता।

–संतोष या तृप्ति सुख नहीं है।

–सुख कभी प्रयत्न करने से नहीं आता। सुखी रहने के लिए ही तो समूचा जीवन संघर्षरत है, किंतु सुख कहां है?

–उत्तर तक पहुंचने से पूर्व सुख के केंद्र बिंदुओं की खोज आवश्यक है।

❑

–सुख वास्तव में एक सत्य नहीं है, वह मात्र एक अनुभव है।

–भूख के बाद का भोजन, प्यास के बाद का पानी, थकान के बाद की नींद, रेगिस्तान के बाद की हरित भूमि, आकाश में घंटों तैरने के बाद की धरती अथवा महासागर की कालजयी यात्रा के बाद पत्थर की मात्र एक चट्टान–सभी को सुख का अंतिम क्षण कहा जा सकता है।

–शांति भी सुख है और प्रेम को तो सुख का चरम-बिंदु माना गया है।

–कहा जाता है, भोग से बड़ा दूसरा सुख नहीं है, लेकिन वास्तविकता उससे परे है।

–भोग का अंत ग्लानि, घृणा और क्षोभ है।
–भोग का अंतिम क्षण भी परछाईं की तरह हमारी पहुंच से खिसक जाता है।
–वह भविष्य के आतंक से ग्रस्त होकर देते-देते हमसे सब-कुछ छीन लेता है।
–भोग की मूल चेतना ही संघर्ष है और कुछ भी पाने का संघर्ष वास्तव में एक प्रकार की कलह है।
–कलह एक पद्धति है।
–किसी पद्धति को खोजने का अर्थ है, हम किसी परिणाम को उपलब्ध करना चाहते हैं।
–परिणाम तक पहुंचने की आकांक्षा फिर एक संघर्ष है और संघर्ष में आनंद नहीं होता।
–इसलिए आनंद भोग से नहीं मिलता।

❑

–सच पूछिए तो आनंद की प्राप्ति या समूचे सुख की अभिलाषा एक संपूर्ण शरीर है और संपूर्ण शरीर पर नियंत्रण पाना ही कठिन है। इसलिए इस तरह सुख की तलाश अपने साथ छल है और हवा के साथ खेलना है।
–शब्द में संगीत नहीं होता, संगीत कंठ के मर्म में छिपे आघातों में होता है, वैसा ही सुख भी एक समूचे तत्त्व में नहीं पाया जा सकता।
–सुख सापेक्ष तत्त्व है। एक का सुख दूसरे का दुःख बन सकता है।

❑

–तब? निष्कर्ष मिला, सुख का वास्तविक केंद्र, संघर्ष, संतोष, शांति और एक पद्धति–इनमें से कहीं नहीं है।
–उसकी मूल चेतना मस्तिष्क के ज्ञान में छिपी है।
–ज्ञान की तलाश मानवता का चरम लक्ष्य है, वही मानव संस्कृति का विकास है।
–ज्ञान की ज्योति ही सृजन के क्षण को जन्म देती है।
–इसलिए सृजन में प्रयत्न नहीं होता, सृजन में संघर्ष नहीं होता, सृजन में आत्म-विस्मृति का बोध होता है, नये जन्म की परिकल्पना होती है।
–पेड़ों पर फूटती पहली कोंपल और धरती से फूटा पहला अंकुर सृजन के आयाम हैं। ये दोनों धरती के गर्भ और पेड़ के तने को फूटने से पहले हिला देते हैं। वह उनके दर्द का अंतिम क्षण है।
–इसलिए दर्द की चरम-सीमा और उसका अंतिम पग-चिह्न ही वास्तव में सबसे बड़ा सुख है।
–यानी सृजन का क्षण ही मनुष्य-जीवन का सर्वोत्तम सुखद क्षण माना जा सकता है।

तुम्हारा आना

तुम आए और छोड़ गए एक रिक्तता। न आते तो बेहतर होता। अजनबी दरवाजों में जहां अकेली सांसें दिन और रात अपनी ही गिनती गिनती हैं, वहां कोई और आकर मोर्चा संभाल ले तो युद्ध की स्थितियां बन जाती हैं। युद्ध यूं ही नहीं होते, उनके परिदृष्ट महत्त्वाकांक्षी व्यक्तियों के अभिसार केंद्र होते हैं!

–बहरहाल, आए तो!

–सभ्यता ने सिखाया है कि आगंतुक देवता है।

–देवता उसी के द्वार पहुंचते हैं, जो उसके योग्य है।

–सामान्य दृष्टांत : दीप कौन नहीं जलाता, लक्ष्मी वहीं ठहरती है, जो उसके परिवेश, सभ्यता और मान्यता के द्वार पर सही दस्तक देता है।

–सरस्वती की स्थिति भी यही है–वह वहीं ठहरती है, जहां खुले हुए मस्तिष्क वातायन की तरह उड़ान भर सकें और उसे व्यंजनों-अभिव्यंजनों से अभिभूत करने की अपेक्षा उसके मस्तिष्क का अभिषेक करें, जिसमें न सौंदर्य है, न दृष्टव्य, है कुछ तो वायवीय विकीर्ण प्रस्तारित वे लहर-लहर हवाएं जो आधुनिक भी हैं, पहले भी थीं और पुरोगामी हैं।

–मकान वही होता है, आलीशान कोठी, फूस की झोंपडी, वातानुकूलित कमरे, दहकते अंगारों से जिंदगी पर प्रश्नचिह्न लगाते नंगी दीवारों के घेरे, खुला आकाश, आकाश के नीचे का वितान या/और प्रस्तर की कठोर चट्टानें जहां युग्म मुद्रा में अंकित हैं इतिहास के चित्र जो इतिहास होकर भी वर्तमान की धूप-छांव में उसी तरह पनपते और पलते हैं।

–जिंदगी जंगल का पहाड़ा नहीं है।

–जिंदगी न तो बहता हुआ दुर्गंध भरा परनाला है और न गंगा का असीम आशीर्वाद है।

–जिंदगी न हिमालय है और न कैक्टस से भरा रेगिस्तान।

–जिंदगी न दरिया है और न ठहरा हुआ सड़ांध पानी।

–जिंदगी न मोहजाल है, न मायाजाल, न उपन्यासों के कथा-प्रसंगों में आए

प्रेम-प्रसंग, न दिन का सूरज है और न रात्रि का शीतल चन्द्रमा अथवा अक्षय ध्रुव, न मद्धिम रक्तवर्णी मंगल, न श्वेत शुक्र, न ध्रुवतारों का समूह, और/ या न जिंदगी पैरों से कुचलने वाली दूब है, न बरगद का पेड़ है, न कमल-ताल है, और...।

—पूछ सकते हैं आप : आखिर जिंदगी क्या है?

—दार्शनिक बनकर उत्तर दे सकता हूं—मसीहा बनकर गुरुवाणी, हिंदुओं का बनकर रामायण, क्रिस्टी बनकर बाइबिल अथवा मुसलमान बनकर कुरान के प्रसंग। इन सबमें तारत्म्य खोजने के लिए बुद्धि कैद है। वे खुद हैं पंडितों, पादरियों और मुल्लाओं के आत्मकेंद्रित घेरों में।

—मेरी श्रद्धा उन सबके साथ है, जो उर्वरा मस्तिष्क को बेचकर आयामों की अपनी परिभाषाएं संगृहीत करते हैं। इसलिए कि बुद्धि चेतना का अमिट द्वार है और जो भी बुद्धि को अपनी तरह से सोचने का यत्न करेगा, वह गर्तगामी है।

—बुद्धि अखंड-महामंडित संवेदना नहीं, बल्कि तार्किकता के परिवेश से ऊपर स्थितियों, घेरों, मान्यताओं और कुठारघातों से जूझती, लड़ती-भिड़ती और फिर सहज होती प्रक्रिया है।

—अर्थ हुआ यह सदियों का वरदान है, यह सदियों का अभिशाप है।

—कैसे बने ये फिरके : जाति के, धर्म के, सिद्धांतों के अथवा एक व्यक्ति के, एक स्वर के।

—समन्वय से जो बनता है, प्रश्नवाचक नहीं होता।

—सिद्धांतों से जो बनता है, उसकी कोई अस्मिता नहीं है, क्योंकि सिद्धांत रेगिस्तान में खींची गई रेखा नहीं है।

—समय से प्रबल कालजयी न कोई हुआ है और न होगा। समयातीत वही होता है, जिसका समय से समझौता होता है। समझौता करना जो नहीं जानता, अपने विनाश और मृत्यु का इतिहास अनजाने लिख रहा है।

—इतिहास व्यतीत है, किंतु उसने समय के साथ अठखेलियां खेली हैं। अठखेलियां जो खेलता है, उसे सहज ही समझना चाहिए। सहज होता तो राजनीति के वे अमर विजेता आज भी काल खंडित नहीं होते जिन्होंने राजसत्ता का समूचा समीकरण ही बदल दिया है।

—बहुत कुछ है कहने को, बहुत कुछ है सुनने को, बहुत कुछ है सीखने और समझने को, लेकिन तार्किकता का तकाजा है—सब-कुछ नहीं है सबके लिए, सब-कुछ है कुछ के लिए और सब-कुछ किसके लिए नहीं।

—आखिर यह भेद क्यों?

–आदमी एक है तो मानदंड और तुला एक ही तो होनी चाहिए। नहीं होती।
–नहीं होती, यहीं आकर विश्व का सर्वस्व ज्ञानकोश सीमित हो जाता है।
–युद्ध और संस्कृति समन्वित है : एक पल मैत्री का हो सकता है, दूसरा पल युद्ध का।
–युद्ध और मैत्री की, नीचे बहुत बारीक रेखा है। समझना है इसे तो देखिए :

अनंत नागफनी से गुजरकर
होकर लहूलुहान
उतरा स्वच्छ, शीतल मैदान में
नहीं इसका दुःख है मुझे,
दुःख, बस एक बात का है मुझे–
जिसे दी मैंने शीतल छांव
अंगारों-सी तप्त दोपहरी में–
वही... ।
नहीं...,
मेरी दो शीतल छांव
मुझे ही धोखा दे गईं

–तुम आए हो मेरे द्वार, देहरी, घर और आंगन में–
–तुम्हें बुलाया नहीं था मैंने, तुम आए।
–हर मेहमान देवदूत होता है, प्रसाद।
लेकर आता है, क्योंकि यह देवघर है।

और भी आए
मेरे बगीचे के
अवरोध की आवाज से लेकर
शायद बागीचा ही
नहीं पसंद आया।

–दहशत में थे वे पास-पास के
–उनकी देखने वाली आंखों के
–बेतरतीब-सा अजीब भुतहा था मकान
–भयातुर थे वे स्वयं
–'प्रवेश निषिद्ध' हमेशा नहीं होता। क्या कहें,
उन्हें जो अर्थ नहीं समझते–निषिद्ध, अनिषिद्ध का।
–अनिषिद्ध कुछ भी नहीं है।

–गलती नहीं की मैंने–
किसको क्या दिया?
गलती नहीं है कि मेरे पैरों को कैक्टस
छील गये, गलती है कि मैंने उसे छाया दी!
–निषिद्ध होता है भय
–निषिद्ध होता है मन का अधकचरापन
–देकर भी नहीं दे सकने की क्षमता से भारी निषेध कहां है?
–तुम भयभीत रहे इसी से।
–आशंका
–अविश्वास
ईर्ष्या और कुंठा में
गीली लकड़ी से सुलगते–
–क्या इसका दोषी भी मैं हूं!

कोई बदरंग न जाए

–एक श्वेत युवती ने अश्वेत युवक का वरण किया। जब वे दोनों चर्च से बाहर आए, तब युवती को भर्त्सना का शिकार होना पड़ा। किसी ने अश्वेत युवक को गोली से उड़ा दिया।

–श्वेत और कृष्ण रंग के बीच तीसरा रंग उभरा–लाल रंग।

–रंग कोई भी हो, भेद पैदा करता है, क्योंकि रंगों की उपस्थिति सरलता नहीं है और बिना सरल हुए संवेदनशील नहीं बना जा सकता।

❑

–रंग खतरनाक होते हैं, लेकिन बदरंग दुनिया और भी खतरनाक है।

–प्रत्येक रंग का अपना प्रभाव है।

–प्रत्येक रंग की अपनी भाषा है।

–प्रत्येक रंग की अपनी पहचान है।

–रंग आंखों से पहचाने जाते हैं और आंखें मस्तिष्क से देखती हैं।

–मस्तिष्क यानी ज्ञान।

–ज्ञान से कभी कष्टों का अंत नहीं होता।

–आज भी प्रकाश और प्रगति का दम भरने वाला ज्ञानी नितांत अज्ञानी है।

❑

–रंगों का अनुभव इस अज्ञान के परे है।

–रंग मानसिक चेतना का उद्‌बोधन है और उसके प्रति रुचि, परंपराओं की प्रतिष्ठा है।

–धान का रंग हरा हो या सुनहरा–विभिन्न स्थितियों में अलग तरह से दोनों स्वीकार्य हैं।

–उदित बाल-रवि और अस्त होता हल्दी-सा सूरज–दोनों का अपना अस्तित्व है।

–रात की सिहरन का एक रंग होता है, भोर की अंगड़ाई का दूसरा।

–नितांत ध्रुव प्रदेशों में लोग कभी प्रकाश का एक क्षण पाने को, तो कभी अंधकार का मात्र अनुभव करने के लिए तरसते हैं।

–पश्चिम में चर्च से निकलती दुल्हन का श्वेत परिधान और पूर्व में कंधों पर जाते हुए शव का वही रंग अलग अर्थ देता है।

–खून और पान की पीक, दोनों लाल हैं, परन्तु एक नहीं हैं।

–जीवन का रंग, मृत्यु के रंग से बहुत भिन्न है।

❑

–रंग एक मिथ है।

–कई बार वह धोखे में डालता है।

–इंद्रधनुष में दिखाई देने वाले सात रंग क्षितिज की तरह शून्य हैं। वह मात्र दृष्टिभ्रम है।

–पर्वतों का काला होना, पानी का नीलापन, महासागरों से उठने वाले झाग की सफेदी और अनंत आकाश का स्थिर नील वर्ण–रेगिस्तानी मरीचिका से कम नहीं हैं।

–न होकर भी जो होने का मजबूत भान दे, उससे बड़ा अविश्वास और धोखा क्या हो सकता है?

–अर्थ यह हुआ कि रंग चाहे जो हो, विश्वास नहीं दे सकता।

–अविश्वास की धरती पर खड़े रहना अपने अंत को आमंत्रण देना है।

–लेकिन रंगों की ही माया है, जो खड़ा भी रखते हैं और मिटाते नहीं।

–सांप के केंचुल की तरह ये रंग भी अपना रंग बदलते है।

–नीला और पीला रंग धोखे से भी मिल जाए, हरा बन जाता है।

–रंगों पर आस्था रखना इसलिए नीम की बौर में मिठास पाने की लालसा है।

❑

–इसके बावजूद रंगों से मुक्ति नहीं है।

–पानी के रंग को देखकर ही रहीम कवि के मन में विचार उपजा होगा–

रहिमन पानी राखिए
बिनु पानी सब सून!

–मानव-चेतना के ऐसे ही किसी ज्ञान-क्षण में रंग कहीं चुपके से चला आया और परंपरा के संघर्ष में वह स्थिर हो गया।

–इसलिए फूलों में आकर्षण है।

–टेसू के फूल जंगल में आरती करते हैं।

–आम की मंजरियां मधुमक्खियों का जीवन हैं।

–कोंपलों में प्यार होता है, जैसे कोयल में पहला नाम लेकर पुकारा जाने वाला दुलार भरा है।

–चंपई रंग का कटीला दूज का चांद और पूर्णिमा के दिन उतरती फेनिल धवल दुग्ध-सी सफेदी : एक चिंतन है, दूसरा संपूर्ण यौवन।

–बहती हुई रेत, काले रंग का कछार, लाल मिट्टी से भरी धरती, भूरे पत्थर और संगमरमर की सफेदी–कोई अर्थहीन नहीं है, क्योंकि इन्हें अर्थ हमने ही दिए हैं, हम यानी मानव-चेतना ने।

–मानव-चेतना आस्था का चरम-केंद्र है। उसने निर्माण की अटूट शृंखला में नए प्रतिमान स्थापित किए हैं।

–हम सब-कुछ कर सकते हैं, अपने-आपको झुठला नहीं सकते।

–अपने को सार्थक बनाने के लिए ही हमने रंगों का मेला लगाया और रंगों का त्योहार बनाया।

–रंग की पहचान सत्य नहीं है, सत्य है वह शक्ति जो शून्य के भीतर भी सौंदर्य देखती है, उसे पकड़ लेती है।

–यानी जो पकड़ लिया है, वही सार्थक है।

–यह रंगीन पर्व हमारी ही पकड़ है। अपनी सृष्टि में आइए, हम खो जाएं, अपने-आपको रंग लें और दूसरों को भी रंग दें–कोई अनबिंधा न छूटे, कोई बदरंग न जाए।

सदियां सत्य की सहचरी

–मेरे सामने एक वृक्ष है। वृक्ष की शाखाओं पर दो पक्षी बैठे हैं।
एक : उस वृक्ष का भरपूर स्वाद लेता है। छाया से लेकर फलने वाले फलों के रसों तक।
दूसरा : वह भोगता नहीं है, मात्र दर्शक है।
–मैं सोचता हूं, यह विकार या विचार, चिंतन-मनन या प्रवृत्ति क्या है?

❑

–वास्तव में सारे रहस्य इसी में मिलते हैं : मछुआरा अपने जाल में जब फंसा लेता है तो वह पहली स्थिति होती है। मछुआरे का जाल जहां धोखा दे जाता है, वहीं दूसरी स्थिति स्पष्ट होती है। वह मुक्त, विमुक्त, निर्भय, निश्छल, अपने सपनों और विचारों का स्वयं अध्येता है और स्वयं साक्षी भी है। इस स्थिति में जो पहुंच जाए, वह इस निर्मम भौतिकता में रहते हुए भी उससे ऊपर उठ जाता है, जैसे वह देखता तो सब है, करता वही है जो करना चाहिए।

–द्रष्टा से कर्ता अधिक महत्त्वपूर्ण है। सामान्यत: कर्ता यानी भोग्यता आकर्षक लगता है, किंतु जो मात्र दर्शक-सा दिखता है, वह सभी का समन्वयक है, इसे कितने व्यक्ति या विचारक सोचते हैं।

❑

–सोचने की इस प्रक्रिया में शब्द अवतरित होता है।
–शब्द स्पर्श है, शब्द रस है, शब्द गंध है, शब्द रूप है।
–शब्द नित्य है, शब्द अनादि है।
–शब्द अविनाशी है, शब्द अनंत है।
–शब्द अनश्वर है, शब्द अशरीरी है।
–शब्द मात्र ध्वनि और तरंगें उत्पन्न करता है।
–इतना होते हुए भी कितना प्रबल अधिशासी है कि मौन को भी स्वर देता है, मौन को भी भाषित करता है।

❑

–इसे समझने के लिए मिट्टी को देखिए : मिट्टी आखिर है क्या? सब–कुछ और कुछ भी नहीं, लेकिन नहीं, मिट्टी मूल तत्त्व है :

❍ मिट्टी से मनुष्य का जीवनाधार शरीर संबद्ध है।

❍ मिट्टी से तृष्णा का अमर वरदान घड़ा बंधा है।

❍ मिट्टी से अंधकार का विद्रोही दीपक प्रज्वलित होता है।

–मिट्टी से झोंपड़ियां बनती हैं, मिट्टी से महल बनते हैं, मिट्टी से बने दस्तावेज इतिहास और समय के अमिट साक्षी होते हैं।

–सच पूछिए तो, मिट्टी जीवनाधार है। वही मिट्टी अंत में हमारे लिए अनंत छाया बनती है।

–मिट्टी न होती तो विश्व की कल्पना ही नहीं की जा सकती। वृक्ष, पेड़–पौधे, फूल, फल, वनस्पति के समय समन्वय, प्राणवायु और हमारा जीवनाधार।

–अर्थ हुआ कि मिट्टी मनुष्य के समर्पण की परिभाषा है।

❑

–मिट्टी और शब्द दोनों ही अन्योन्याश्रित हैं।

–धरा का समूचा अस्तित्व एक के साथ जुड़ा है तो अनंत आकाश में विस्तीर्ण लहरें दूसरे से संबद्ध हैं।

–अंतरिक्ष में जो होता है, पृथ्वी पर उसकी प्रतिध्वनि अप्रत्याशित नहीं, सर्वमान्य और सर्वजनीय है।

–किन्तु जुड़े हैं ये दोनों केंचुए की तरह : पृथ्वी और अंतरिक्ष! इन्हें प्रजनन के लिए तीसरे उपादान की आवश्यकता नहीं है।

–समवेत हो जाए दोनों तो संज्ञा दी जाती है : स्वर्ग कहीं है तो वह मात्र धरा पर है।

–अंतरिक्ष यात्रियों ने अपने संस्मरण लिखे हैं : पृथ्वी से श्रेष्ठ, सुंदर और आकर्षक कुछ भी नहीं हैं। यह भी कहते हैं वे कि जब अपने यान में घूमते हुए चंद्रमा के पृष्ठ भाग में पहुंचते हैं तो वहां मात्र घोर अंधकार होता है। घूमते हुए जब वे फिर चंद्रमा की परिक्रमा कर लेते हैं तो प्रकाशवान धरती होती है।

–धरती या पृथ्वी से अधिक सौंदर्य किसी ग्रह–उपग्रह, लोक और परलोक में नहीं है।

–पृथ्वी पर रहकर ही मौसमों का अहसास होता है। यहीं ज्ञात होता है कि अग्नि का भी स्वरूप है और अग्नि शरीर का प्राणत्तत्व है।

–प्राणतत्त्व होगा तभी प्रतिभा का उदय होगा।

–प्रतिभा का उदय मस्तिष्क की ऊर्जा शक्ति से होता है।

–कई बार ऊर्जा और मस्तिष्क का यांत्रिकीकरण एकीकरण में सान्निध्य हो जाता है।

–तब कुछ अर्थ निकलते हैं : अनेक तत्त्व समन्वयार्थी हैं :

- आदिम हो या अग्नि।
- प्रकाश हो या ब्रह्म।
- जल हो या प्रजापति।
- वायु हो या चंद्रमा।
- आत्मा हो या चेतना।
- ज्ञान हो या विज्ञान।
- प्रतिभा हो या प्राणवायु।
- जीवन हो या दर्शन।
- दृष्टि हो या दर्शन।
- अणु हो या परमाणु।
- राग हो या विराग।

–जीवन के प्रति तटस्थता या वितटस्थता इन्हीं परिभाषित कोषों से उत्पन्न होती है।

–यहीं सिद्धि और पराजय की सीमा साथ-साथ चलती है, क्षमता और अक्षमता का व्यापार पनपता है और मनुष्यता का उदित सूर्य विजित तो होता है, पराजित भी होता है।

–जय और पराजय की क्षमता न अंतरिक्ष में है और न अनंत आधार-आधारित हीरों से टंके विहानों में।

–क्षमता का आगार मात्र धरित्री है, पृथ्वी! इसी से हम गर्व से कहते रहे हैं : हम पृथ्वी-पुत्र हैं, कौन हो तुम जो अंतरिक्ष से आये हो? भयभीत होकर भाग जाते हैं वे या करते हैं आत्मसमर्पण।

❑

–मेरे मन में इन तथ्यों के उजागर होने के बाद प्रश्न ही नहीं उठते कि मृत्यु के बाद जीवन क्या होगा?

–मृत्यु के बाद जीवन क्या है, यह प्रश्न मैं मंदबुद्धियों पर छोड़ता हूं।

–मैं पूछता हूं, जीवन जितना मिला है, वह जिया कैसे गया है?

–जिया हुआ जीवन ही संपूर्ण ब्रह्मांड और जीवन के यथार्थ तथा उसके मूलभूत तथ्यों की सार्थकता की पहचान है।

–तभी तो मैं कहता हूं :

❍ हमें आनंद दो, अमरता हमें नहीं चाहिए।

❍ साहस दो हमें, समृद्धि नहीं चाहिए।

❍ पौरुष दो, बल हमारा प्रतिगामी होगा।

❍ शक्ति दो, शत्रु सड़ी-गली नाली में बिलबिलाते कीड़े होंगे।

❍ स्वच्छ मानसिकता के लिए विचार के अवरोधक तत्त्व, अर्थहीन हैं। हमें अर्थ चाहिए, अर्थहीनता घिसे-पिटे काल-कवलित अनजाने, अनपहचाने और अनचीन्हे सड़े-गले नालों में बहने दीजिए। उनकी बाढ़ आएगी, सामना कर लेंगे हम।

❍ मेरे सहचरो ! मेरे पाठको! अब भी समझने के लिए कुछ रह जाता है : वेद, उपनिषद्, भाष्य या पुराण। ये सब कथा के माध्यम हैं। इनका मनन कथा-मंथन के लिए कीजिए।

❍ पहचानिए सत्य को, सत्य की परिभाषाओं को।

–पूजनीय है वृक्ष की शाखा पर बैठा वह पक्षी जो भोगता नहीं।

–तटस्थता सदैव स्वीकार भले न हो, पर पहचान के लिए वह मूल बीजतत्त्व है।

–तटस्थ रहने की सलाह किसी को नहीं दूंगा, परंतु शब्दों की मितव्ययिता और अपनी सामर्थ्य की पहचान इतनी प्रबल हो कि स्वयं प्रकाश बनें हम-सब, प्रकाश-स्तंभ नहीं।

❑

–तटस्थ पक्षी को किसी गुरु की आवश्यकता नहीं है, कालांतर में वह स्वयं अध्येता बनेगा, गुरुश्रेष्ठ से विभूषित होगा।

–फिर आप?

–कहां भटक रहे हैं, सदियों के जीने-मरने के जाल में?

–सत्य सदियातीत होता है, सदियां सत्य की सहचरी बनती हैं।

सौंदर्य का मूल्य आंका नहीं जा सकता

सौंदर्य प्रतियोगिता

–सौंदर्य प्रतियोगिता में उसे विजित देखकर कई प्रश्न एक साथ उभर उठे। वर्षों से उसे जानता हूं, इतनी सौंदर्यशालिनी वह कभी लगी नहीं। तब?

❑

–एक चीनी दार्शनिक ने लिखा है : वही सब-कुछ नहीं है, जो तुम देख रहे हो!

–यानी दृष्टि से परे भी सत्य है।

–तमाम संस्कृतियों का तो अंत में निष्कर्ष ही यही निकलता है कि सत्य वही है, जो परे है, अज्ञात है, अगोचर है, दृष्टि से दूर है!

–सत्य की तरह समीप आकर सौंदर्य भी घुल जाता है।

–किसी ने पूछा था : वंशी में स्वर क्यों है? उत्तर मिला था : क्योंकि उसके भीतर का सारा तत्त्व बाहर चला गया है।

–फिर प्रश्न हुआ : उसके स्वर में सौंदर्य क्यों है? उत्तर मिला : क्योंकि वह शून्य हो गई है।

–संभवत: इसलिए शून्य का घेरा क्षितिज सबसे सुन्दर लगता है। वह धरती और आकाश को भ्रम के बांह-जाल में फंसाकर दृष्टि को नई संवेदना देता है।

–सौंदर्य को इससे बेहतर नहीं समझा जा सकता!

–तराशे हुए पत्थर सांस लेते हुए क्षणों से अधिक सौंदर्यशाली लगते हैं अर्थात् सौंदर्य सत्य नहीं है।

–कीट्स ने लिखा है : मैं किसी सत्य के बारे में तब तक आश्वस्त नहीं हो सकता, जब तक उसके सौंदर्य की स्पष्ट धारणा न हो जाए।

–अर्थ यह हुआ कि सत्य और सौंदर्य दोनों मिथ्या हैं। दोनों कालावधि और दृष्टि के साथ बदलते रहते हैं।

❑

–सौंदर्य के प्रतिमान निर्धारित नहीं हो सकते, ठीक वैसे ही, जैसे उनका मूल्य नहीं आंका जा सकता।

–प्रस्तर युग से आज तक कल्पनाएं 'मिथ' की तरह बदलती रही हैं क्योंकि सौंदर्य कोई शास्त्र नहीं है।

–सौंदर्य कोई दर्शन नहीं है।

–सौंदर्य ज्ञान, भक्ति और विकास का केन्द्र नहीं है।

–न सौंदर्य सत्य है और न सत्य में सौंदर्य है।

–पानी की तरंगों पर सौंदर्य की कहानी नहीं लिखी जा सकती।

–इसलिए सौंदर्य का अभाव ही मृत्यु है!

–जरा-जीर्ण और आयु की वर्धिता का प्रतिवेदन वायु की तरह छंटते हुए सौंदर्य को पकड़ने का उपक्रम मात्र है!

–धर्मग्रंथों ने सुन्दरता को आत्मा में केंद्रित कर दिया।

–महात्मा बुद्ध की सारी तलाश ज्ञान के लिए नहीं, सौंदर्य के लिए थी। राजवैभव से लेकर तपस्या तक कहीं वे उसे नहीं खोज सके। अंत में अपने आत्मबोध को सम्यक्-ज्ञान और शाश्वत सौंदर्य घोषित कर उन्होंने एक दूसरे भ्रम को जन्म दिया।

–वास्तव में सौंदर्य की तलाश युग-युगों की अनबुझी प्यास है।

–ज्ञान की खोज संतोष को बांध लेती है और बंधे हुए को स्वतंत्रता देती है।

–वह वायुमंडल के मुक्त कणों जैसा बिखरा हुआ किरण-जाल है।

–अपनी संवेदना और दृष्टि के आधार पर भी कोई उसे खींच लेता है और प्रतिष्ठित कर देता है।

–अत: सौंदर्य एक व्यक्तिगत सत्य है, समय और सीमा से परे, प्रतिमानों और प्रतिबंधों से उदास, दर्शनों और समाजों का मूल्य नहीं है!

❑

–मुझे संतोष है, जिस सौंदर्य को मैं नहीं देख सका, किसी और ने देख लिया और उसे पुरस्कृत करने का मौका मिल गया।

अपने को पहचानो

'मन मान-अपमान के भय से शंकित रहता है, अशांत है, क्या करूं और कैसे?' 'मेरा अतीत पापमय रहा है जिस पर मुझे पश्चात्ताप है। मैं भविष्य पापमुक्त बिताना चाहता हूं, लेकिन व्यतीत से भयभीत हूं, अशांत हूं, उससे मुक्त होना चाहता हूं! मन में पाप-बोध है इसलिए वह वर्तमान को हीन-क्षीण बना देता है। इस बोध से मुक्त होना चाहता हूं। आपकी शरण में हूं।'

–एक पाठक, देहरादून से

❑

–जिज्ञासा सहज है, लेकिन जिस निर्भय रूप से बात रखी गई है, निदान उतना ही सहज है।

–दो बातें हैं, एक–मान-अपमान का भय और दूसरा अतीत में किये पापों की स्वीकृति और वर्तमान को उनसे मुक्तहीन बनाना।

–आत्म-स्वीकृति अपने-आपमें प्रायश्चित्त है।

–प्रायश्चित्त के बाद अतीत मात्र एक कोरा कागज रह जाता है और नई पुस्तक का पृष्ठ खुलता है जिस पर निर्भय होकर हस्ताक्षर किये जा सकते हैं।

–इनके बीच दुविधा है मन। मन चंचल है, मन खरल की तरह आगे-पीछे होता रहता है, मन भटकता है, मन भटकाता है।

–मन वेदना है।

–मन संवेदना है।

–मन सुख का आगार है तो मन से अधिक गहरी दर्द और भटकन की न तो हवाएं हैं और न महासागर।

–अर्थ हुआ हमारे शरीर और शारीरिक अवयवों का नियंत्रक हमारा मन है।

–मन नियंत्रक है तो मन को नियंत्रित करना या मन के नियंत्रण में आना आवश्यक है।

–जीवन का यही विवेक शाश्वत स्वरों का जन्मदाता है।

–घटना दो पदचारियों की है। दोनों समवेत चल रहे थे। अचानक पर्वत-शिखर के बिंदु पर आ पहुंचते हैं और दोनों के पैर अयाचित रुक जाते हैं।

—एक : मार्ग अवरुद्ध है, बाधक तत्त्वों से बचना श्रेयस्कर है, वापस लौट रहा हूं मैं।

—दूसरा : हां, मार्ग अवरुद्ध है, वापस लौटना पराजय है, आगे जाने के परिणाम संपुट नहीं हैं, लेकिन यह विवेक का महाद्वार है। व्यक्ति के नाते कांच का चूर्ण बनना दोनों स्थितियों में संभव है—एक स्थिति होगी पराजय और आत्मग्लानि तथा गलत मार्ग के चयन से, दूसरी स्थिति में पश्चात्ताप का संवेग, घृणा और ग्लानि से बचा लेगा। वह वापस नहीं लौटता, अवरोधी पर्वत के शिलालेख पढ़ता है। पता लगता है, यहां तो अनंत संदेश लिखे हैं। व्यतीत ज्वलंत हो उठता है यानी व्यतीत के शिलालेख वर्तमान की चुनौती में उसी तरह ढल जाते हैं जैसे एक फूंक के प्रकारों के अनुरूप स्वरूप ग्रहण करने लगता है। वह संतुलित हो जाता है, उसकी गिद्ध दृष्टि सतर्क होकर अपने अभीष्ट मार्ग पर केन्द्रित हो जाती है।

—बस, यही तो निर्णय का क्षण है, इसी एक क्षण में निर्माण और विध्वंस दोनों का समायोजन है।

—इसी एक क्षण में महल बनते हैं, इसी एक क्षण में महल ढलते हैं।

—बनने और ढलने को जड़-प्रक्रिया न माना जाए तो सहज ही कहा जा सकता है कि यही एक क्षण निर्णायक है। यही एक क्षण नियंता है, यही एक क्षण विध्वंस है।

—हत्याएं और आत्महत्याएं इसी एक क्षण में होती हैं।

—इसी एक क्षण में सहज, सामान्य पुरुष, महापुरुष और महापुरोधा बनता है।

—इसी एक क्षण में इतिहास के पृष्ठ बदलते हैं।

—इसी एक क्षण में तृष्णा और वितृष्णा के सोपान सार्थक होते हैं।

—यह प्रक्रिया न साध्य है और न असाध्य।

—इस प्रक्रिया के लिए आत्मबोध आवश्यक अनुश्रुति है। उसी तरह जैसे लोहे का अर्थ लोहार के लिए अज्ञात है। लोहे का अर्थ वह घोड़ा जानता है जिसके मुंह में लगाम है।

—मुंह में लगाम?

—हां!

—पांच इंद्रियां हैं, पांचों काम करेंगी तो जलाशय पंचधारा में बंट जाएगा। जलाशय को रोकना है, पवित्र करना है तो कुछ रास्ते बंद करने होंगे।

—यह विरोधाभास जैसा भले लगे, किंतु सत्य का श्रेष्ठतम अनुग्रह यहीं आवृत्त है। जैसे :

- वैराग्य बढ़ाना है तो अनुराग की चरम-सीमा तक पहुंचना होगा।

❍ ज्ञान पाने के लिए अज्ञान के प्रश्नवाचक परिच्छेद श्लाघ हैं।

❍ एक से विरक्त होना है तो दूसरे से अनुरक्त होना पड़ेगा।

❍ दूसरे को पहचानना है तो पहले अपने को पहचानना होगा। अपनी पहचान किये बिना दूसरे को नहीं पहचाना जा सकता।

❍ ज्ञान-अज्ञान के भ्रमजाल से उभरना है तो सत्संग और संस्कृति की पहचान आवश्यक है।

❑

❍ मूलभूत लक्ष्यों की प्राप्ति के लिए ये सारे समन्वय और तत्त्व खरल में कसे जाने वाले सोने की कसौटी का काम करते हैं।

❍ खरल विवेकी है जैसे नीर-क्षीरकर्ता हंस दूध और पानी की सहज पहचान का परिचय-पत्र है।

❑

–जीवन सहज और समतल नहीं है।

–जीवन तब भी साध्य और असाध्य को पहचानता है और अपनी विवेकशीलता से असाध्य को साध्य में परिवर्तित करने की क्षमता रखता है।

–इसी एक क्षण में महाकाव्यों का सृजन होता है और इसी एक क्षण में महाकाव्यों में वन्य-प्रवाहित धवल श्वेत दुग्धधारा में मटमैले आवेग आ मिलते हैं।

–क्षण, क्षणिक भले हो, वह दीर्घ-निर्णय का कार्य करता है।

–'हां,' या 'न' कहने में आवेष्टित श्वासों के अंश समान हैं।

–बस, ठहरिए यहां :

सारे अनुत्तरित उत्तरों का क्षण यही है। जीवन-मृत्यु का संधिकाल और कहां, कौन खोजेगा! प्यार और घृणा के बीज इसी क्षण बोए जाते हैं। इसी क्षण पकी फसल लहलहाती है। इसी क्षण कमजोर धराशायी होता है। इसी क्षण भेद-विभेद के मर्यादा पुरुषोत्तम कमजोर होते हैं।

–क्षण को पहचानिए : वह शाश्वत होगा, वह नश्वर भी होगा।

–क्षण जन्म-जन्मांतरों तक लिखा रहेगा, क्षण, क्षण के साथ विलीन भी हो जाएगा।

❑

–प्यारे दोस्त, भ्रम की उस स्थिति में हो तुम, जहां बच्चों का हिंडौला झूल तो रहा है, रोकने वाला अनाड़ी है।

–इसमें तुम्हारा आत्म-निर्णय कहीं नहीं है। इसलिए पहले आत्म-निर्णय के क्षण में पहुंचो।

–आत्म-निर्णय के क्षण एक महान भूमिका का काम करेंगे।

–निश्चित लक्ष्य का अभाव है, आत्म-दृष्टि तिरोहित है, तो...।

–...तो साध्य क्या होगा?

–लक्ष्य को निश्चित करो, लक्ष्य के प्रति समर्पण आवश्यक है, समर्पण के लिए ग्रहणशीलता परम श्रेष्ठ तत्त्व है।

–वह तत्त्व प्राप्त हुआ तो अतीत कपूर-सा हवा में उड़ जाएगा।

–अतीत गया तो अतीतातीत तत्त्व अपने-आप चले गए–फिर कैसा पाप, कैसा पुण्य?

–पश्चात्ताप, उनके लिए है जिनमें जठराग्नि नहीं है। जिनमें जठराग्नि है, वे पश्चात्ताप को मात्र एक मृतक के अंतिम अवशेष राख के रूप में बदल देंगे।

–तुम्हारा पाप, महापुण्य बनेगा। अहिल्या से ज्यादा पापी कौन होगा?

–पाप-पुण्य अहिल्या प्रस्तर से नाजुक-बदन सौंदर्यशीला नारी बन सकती है।

–नारी बनते ही उसने पाप और पुण्य का परिणय नहीं किया था।

–परीक्षा वे देते हैं जो किसी प्रमाण-पत्र के अभिलाषी हैं।

–मान और अपमान उन्हें मिलता है, जो परीक्षा के प्रांगण में परिणाम-चेतना के अतिशय आकांक्षी हैं।

–बुद्धि को परीक्षा की आवश्यकता नहीं है, जैसे सत्य को 'सोच' की चिंता नहीं है।

–सत्य स्वयं प्रतिष्ठापित समग्र चेतना का मूल केन्द्र है।

–सत्य के सामने न मान है, न अपमान है, न भय है, न शंका है, न व्यतीत है, न वर्तमान है और न आगत भविष्य है।

❑

–सत्य के स्वर्ण-द्वारों के पैर तो स्वयं देवता भी पखारते हैं, फिर हम तो चेतनाशील व्यक्ति हैं, सत्य और असत्य के असाध्य बंदनबार हैं।

–अपने को पहचानो, इससे बड़ी सार्थक उपलब्धि और कुछ नहीं है।

तनाव से मुक्ति

–एक आस्थावान व्यक्ति ने अभ्यर्थना-गृह में निरंतर 'तनाव से मुक्ति' की कामना की। इस याचना पहेली में वह उलझा रहा, लेकिन...।

❑

–विज्ञान के अनुसार, स्नायु-कोषों से तनाव का कारण मस्तिष्क है। साहित्य की भाषा में कहा जा सकता है : विचारों का प्रभाव शरीर के प्रत्येक स्नायु-तंतु को प्रभावित करता है।

–विचारों का प्रभाव व्यक्तित्व में भी झलकता है और व्यक्तित्व का निर्माण अचानक नहीं हो जाता।

–जीवन-गति को नियंत्रित करने वाला परिवेश,परंपरा से मिले संस्कार और मन तथा शरीर की क्रियाओं को संतुलित रखने वाले अवयव–विचारों और व्यक्तित्व का निर्माण करते हैं।

–निर्माण के पथ में ब्राह्य-तत्त्व भी बाधक होते हैं। उनमें प्रबलतम शक्ति है : भय।

–भय सबसे बड़ा शत्रु है–वह चाहे अपमान का भय हो, रोग का, मृत्यु का, मित्रों का, अपने गलत कार्यों का।

–भय बुद्धि का हार है। भय से ही भूत, प्रेत और भ्रम उत्पन्न होते हैं।

–भय से चिंता का उद्‌गम होता है और चिंता स्नायु-तंत्र में कंपन और रक्त में एक विषैला तत्त्व उत्पन्न कर देती है।

–चिंता से ही विचार और क्रियाकलाप शिथिल पड़ जाते हैं। वह निराशा को जन्म देती है।

–निराशा एक विजातीय तत्त्व है, वह मानव स्वभाव का अंग नहीं है।

❑

–भय और चिंता से बचने के लिए कर्तव्य को प्रधानता दी गई है।

–वे भाग्यशाली हैं जिन्हें फुर्सत नहीं मिलतीं।

–कर्तव्य-शक्ति को आगे बढ़ाने के माध्यम हैं–आत्मविश्वास, श्रद्धा, आस्था और प्रेम।

–आत्मविश्वास में अनंत शक्ति है। वह मनुष्य को ऊंचे-से-ऊंचे शिखर पर ले जा सकता है।

–श्रद्धा एक प्रतिदान है। दी हुई श्रद्धा ही आशीर्वाद बनकर वापस लौट आती है।

–प्रेम जीवन का सत्कार है। दूसरों को प्रेम देने वाला व्यक्ति कभी दुःखी और निराश नहीं रह सकता।

–वास्तव में जीवन का रहस्य ही दो आंसुओं में निहित है : दूसरों के दुःख में आंसू पोंछकर प्रसन्नता अर्जित करना और अपने दुःख में एक आंसू एकांत में बहा लेना, ताकि दूसरे केवल हंसी देख सके, आंसू नहीं।

–इन शक्तियों के नियंत्रण से एक सीमा तक संवेगों का नियंत्रण हो सकता है।

–यह नियंत्रण आवश्यक है, क्योंकि जीवन ऊबने के लिए नहीं है। वह एक मधुर संगीत है और संगीत का स्रोत अनंत और अजस्त्र है।

❑

–लेकिन सत्य यही नहीं है। सत्य यह भी है कि मनुष्य कर्म करते समय स्वतंत्र है, किंतु फल भोगते समय वह परतंत्र रहता है।

–आज की दुनिया विज्ञान और यंत्र से संचालित है। ये मनुष्य की एकांत क्रियाशीलता के सार्वजनिक परिणाम हैं।

–इनका प्रतिफल है : तनाव। मनुष्य ने स्वयं तनाव को जन्म दिया है।

–जन्म देने वाला निर्भीक होता है, इसलिए अपने अर्जित को सगर्व स्वीकार करना वास्तविकता है।

❑

–इसलिए अभ्यर्थना-गृह में जाकर 'तनाव से मुक्ति' की कामना करने वाले व्यक्ति उनकी तरह हैं, जो संन्यासियों और साधुओं के वेश में जीवन-संघर्ष से दूर भागते हैं।

–वास्तव में हमें तनाव के बीच, तनाव के साथ और निरंतर तनाव पैदा करते हुए जीना सीखना चाहिए, क्योंकि समय की नियति ने हमें यही सत्य दिया है।

–मैं अमर होना चाहता हूं, अमरत्व के लिए मैं सब-कुछ कर सकता हूं। प्रस्तुत हूं, आपके समाने मार्गदर्शन के लिए!

❑

–मित्र अमरत्व की कामना एक सुखद अनुभूति है। अमरत्व को परिभाषित करना और स्वयं देखना दुस्साहस है!

–पृथ्वी केंद्रीकरण से संचालित है। संचालित वस्तु धुरीहीन होगी अथवा केंद्रीकरण की किसी ऐसी दक्षता के वशीभूत होगी, जहां हर क्षण, हर पल उसे विवशता का अनुभव करना होगा।

–पृथ्वी की विवशता रेगिस्तान में खड़े होकर देखी जा सकती है, जहां दिशा-बोध किसी दृष्टिहीन व्यक्ति का पर्याय बन जाता है।

—आंखों में पट्टी बांधकर उसे धरित-वनों से वे लाए थे। उन्होंने ठेठ मरुधर उसे छोड़ दिया और निश्चिंत हो गए। उनका निश्चिंत होना स्वाभाविक था, वह व्यक्ति रेत वन में दृष्टिहीन और दिशा शून्य हो गया।

—शून्यता पृथ्वी में ही नहीं अंतरिक्ष में है, अंतरिक्ष के अंतराल में है, वातायन में है, क्षितिज में है, स्वयं महाप्रलयी सूर्य बाधित है।

—सूर्य को किसने देखा है?

—जो हम देखते हैं, वह मात्र सूर्य का प्रकाश है।

—सूर्य के रथ पर मात्र एक चक्र है।

—कहते हैं सूर्य-रथ को सप्त अश्व नियंत्रित करते हैं। अश्व नियंत्रित भले ही करते हों, उनकी लगाम विषधरों से आवृत्त है।

—विषधरों से आक्रांत विकलांग होगा। सूर्य विकलांग है। इसके बावजूद अपनी उपस्थिति किरण-शरीरी बनकर देकर वह मिथ्या आभास देता है कि वह शाश्वत है, अमर है, अजर है, सुख-दुःख से परे है।

—परे होता तो ग्रहण क्यों?

—एक सूर्य होता तो तानाशाह शासक की भांति अड़ा तो, अड़ा नहीं है, क्योंकि उसे भ्रम नहीं है।

—एक सूर्य सहस्त्र-सूर्यों से आवृत्त है।

—एक सहस्त्र आवृत्त परापेक्षी भी है, समूची पृथ्वी कभी उसकी मुट्ठी में नहीं आई।

—पृथ्वी गोलार्ध में बंटती हुई लुका-छिपी का खेल मजे में खेलती है।

—सूर्य को भी पृथ्वी के अंधकार का कोपभाजन होना पड़ता है।

❑

—पृथ्वी कोप सहती है अथवा सूर्य-प्रश्न विवेक का है! सत्यार्थ तो है कि अमावस्या की कालरात्रि में सूर्य अपने अस्तित्व के लिए उसी तरह तड़पता है जैसे अजगर के मुंह में दबा कोई प्राणी।

—अजगर और मगरमच्छ जीवन के अनेक मिथकों को व्यर्थ सिद्ध करते हैं।

—छटपटाती जिंदगी उनके अंधकार कूप में न शेष है और न निःशेष। इसका लघु-भाषी द्वंद्व बिल्ली और चूहे के निर्मम किंतु सुखद खेल में देखा जा सकता है।

—वस्तु एक है : किसी के लिए निर्मम, किसी के लिए सुखद।

—मनुष्य की चेतना एक है : कभी आत्मघाती, कभी पराघाती तो कभी स्वच्छंद सुखद जीवन के चरम-भोग क्षणों में नृत्य की मुद्रा में समूचे शरीर का भोग।

❑

—भोग परमानंद है।

—मनुष्य की सृष्टि आनंदमय भोग के लिए है। वह जब अपने को विकृत करता है

और समझ के दरवाजे बंद कर लेता है, तभी यातना के यमदूत आ खड़े होते हैं।

–भोग से निर्मित सृष्टि को भोग से दूर ले जाना महासागर में बूंद-बूंद पानी के लिए तरसना है।

–मनुष्य, मनुष्य है, मछली नहीं है, निराहारी रेगिस्तानी कीड़ा नहीं है, चीड़ वृक्ष की छाल नहीं है, नीम की निबोरी नहीं है और न ही सागर के भीतर झूलता हुआ पत्थर-सा ठोस कोरल जिसकी जिंदगी के साथ सभी यूं खेल करते हैं मानो वह जीवन-शून्य संज्ञा का प्रतिरूप है।

–अपनी प्रज्ञा, अपनी संज्ञा, अपनी अस्मिता और अपनी सामर्थ्य की जिसे पहचान न हो, वह दीनवंत गुणाकार कसाई के तपोवन का निवाला है।

–दोष देना अपनी कायरता को प्रतिभाषित करना है। कसाई घर में जो पहुंचेगा, वही तो पाएगा जो वहां का उपालंभ है।

–अपने अस्तित्व की सार्थकता जो बनाए न रख सके, उसके लिए कोई संज्ञा नहीं है, जहां संज्ञा नहीं होगी, वहां न विश्लेषण होगा, न क्रिया, न कर्ता, न धर्म और न अधर्म।

–इस सात्विक परिभाषा में कसाई का घर भी एक पवित्र मंदिर है।

–पात्र को पवित्र होना चाहिए, सत्य की परिभाषा है।

–पात्र पवित्रता से हिल जाएगा तो वह अपने साथ छल करेगा। अपने साथ जो छल करता है, दूसरों के लिए वह अधम और अधर्मी है।

❑

–यहां तक पहुंचकर ही पवित्र तीर्थ मिलते हैं। भीषण पर्वतों, उच्चतम चढ़ाइयों, प्रकृति के सहज मौसमी थपेड़ों से प्रतिरोध लेकर धर्म पाने की लालसा के अभिलाषी मात्र याचक हैं।

–याचक का कोई धर्म नहीं होता।

–याचक का कोई मर्म नहीं होता।

–याचक श्रेणी हीन, केंचुए-सा लिजलिजा और वृक्ष से विहीन लकड़ी से बने अवयवों की तरह बेजान होता है।

–अतः चिरंतन सत्य हुआ पात्र की पवित्रता और धर्म-धुरी के साथ उसका एकीकरण।

❑

–जीवन मृगजल-सा माया-बोध में बंधा है।

–जीवन हर पल सर्पीला होना चाहता है।

–जीवन कुलांचे भरने वाले स्वर्णमृग को सिंह की उछाल के घेरे में ढकेलना चाहता है।

–माया-बोध दुष्कर्मी प्रवृत्तियों से संगठित व्यक्ति की वे आंतरिक वेगमयी धाराएं हैं, जो महानदों और महासागरों से उभरना, वैसे ही जैसे अभिमन्यु का निरीह हो

जाना, मृत्युदंड अपराधी का अपना, अंतिम क्षण पहचानना और/या यह समझ लेना कि हम सहस्त्र सूर्यों, विशाल पृथ्वी और अनंत अंतरिक्ष के अधिष्ठाता हैं।

–हम यानी मनुष्य कुछ भी तो नहीं हैं और दूसरी तरह से देखें तो हम ही सब–कुछ हैं।

–यह विराटता हमारी देन है।

–सौंदर्य हमारा भावबोध है।

–सत्य हमारी परिभाषा है।

–अस्तित्व का स्वीकार्य और अस्वीकार्य हमारी सामर्थ्य की परिधि में है।

❑

–मित्र, कहां हो तुम? किस अंधकार में, कैसे, क्यों भटक रहे हो?

–जीवन भूत नहीं है। जीवन भविष्य भी नहीं है। जीवन धर्म अवश्य है। धर्म की परिभाषा समझ लो : धर्म, कर्म है।

–कर्म ही विवेक है।

–कर्म ही अनश्वर है।

–कर्म ही पूजनीय है।

–कर्म ही परमतत्व देवत्व है।

–शरीर के साथ परिभाषाएं मत जोड़ो, ठीक वैसे ही जैसे अपने निकटतम मित्र, अपने निकटतम प्रेमी अथवा अपने निकटतम विश्वासी के साथ संबंध जोड़कर पैर के नीचे कमलताल का मात्र दलदल होगा, सौंदर्यमय पुष्प तो दलदल के ऊपर खिलेंगे।

–भटको नहीं दोस्त, मैं गुरु नहीं जो तुम्हें 'वत्स' कहूं, मैं सहभागी हूं, सहयोगी हूं, सहभोगी हूं–अमर होने की लालसा मुझमें नहीं है और न ऐसे कार्य करना चाहता, जो अमर होने की भूल–भुलैया में मुझे डाल दें!

–मेरा परिवेश, मेरे संस्कार, मेरे कार्य, मेरे हितैषी और वे सब जो सहचर हैं–पुरुष हो या प्रकृति–मेरी नश्वरता और अनश्वरता का मापदंड निर्ममतापूर्वक प्रतिभाषित करेंगे।

–उनका निर्मम होना भी सहज हो सकता है और सहज होना भी निर्मम।

–प्रिय, अब भी भटक रहे हो? बुद्धि बिरानी तो क्या संचय, बुद्धि सयानी तो क्या संचय!

रंगों की बरसात

—संत आगस्ताइन ने एक बार आग से जलते हुए पर्वत के बीच सुरक्षित हरे वृक्ष को इंगित करते हुए कहा था, 'सब-कुछ जल जाने के बाद भी, वह शेष रहेगा, क्योंकि सभी कुछ एक नहीं हो सकता!'

—कहा जाता है, अंत तक वह वृक्ष नहीं जला और रक्षकों द्वारा आग बुझा दी गई

—समंदर में जहाज पर चलते हुए समूचा काला जल किसी रेगिस्तान से कम नहीं लगता और उस पर तैरता जहाज हरित भूमि नजर आता है।

—आशा और सौंदर्य का केन्द्र जहाज है और वृक्ष भी, काले ज्वर से ग्रसित समंदर नहीं और न अग्नि-पीड़ित वन।

—मानव जीवन निरंतर ऐसे ही खोज की तलाश में व्यस्त है।

—वह एक वृत्त की भांति चक्कर लगाता रहता है और केन्द्र तक पहुंचना चाहता है। उसके सारे रास्ते भ्रम और उत्तेजना से भरे हैं।

—उनके बीच केन्द्र की तलाश, सुख की आकांक्षा है।

❑

—यदि सुख का सैलाब मिल जाए तो संभवत: आदमी पागल हो उठेगा।

—वह पीडा और असफलताओं से बराबर उलझता तथा टकराता रहा है। इसी के बाद की उपलब्धि उसकी आकांक्षा है।

—यह आकांक्षा उसका सुख है इसलिए समग्र-सुख मानव प्रगति के इतिहास का प्रतिरोधी है।

❑

—किसी अज्ञात रूसी जन-काव्य मर्मज्ञ ने लिखा था :

उठता और उभरता हुआ पसीना
ओठों में आकर नमक बन जाता है
वह मेहनतकश परिंदे के दर्द का
मिला हुआ सुख है, इसलिए...।

—भारत के जन-जीवन ने भी इस तथ्य को पहचाना है, इसलिए वहां का लोक-जीवन रंगों और स्वरों में डूबा रहता है।

–निरंतर जीवन–संघर्ष से जूझते हुए वह काले जल में एक जहाज को पकड़ ही लेता है और मुखरित हो उठता है।

–न जाने दर्द के किस क्षण में उस सुख–रंग का उद्‌भव हुआ होगा, जिसे आदमी ने पकड़कर गांठ में बांध लिया।

–रंगों की बरसात सही अर्थों में सुख की पहचान है, क्योंकि यहीं आकर हवा की तरंगों में फिसलती हुई उमंगें करवटें लेती हैं।

–पर्वत–शिखर पर आधा जलता हुआ टेसू जिंदगी के दुःख को क्षार करता–सा जान पड़ता है।

–सूखे खेतों में अंगड़ाई लेते गेहूं के पौधे सुखद भविष्य का संकेत हैं।

–गेहूं की फूटती हुई सबसे पहली बाल के भीतर का मद्धिम पीलापन गर्भिणी नारी का आत्मविश्वास है।

–विश्वास देने से ही विश्वास मिलता है।

–घृणा और दर्द मन को विषाक्त और दुर्बल बनाते हैं। ये दोनों विक्षुब्ध व्यक्तियों और क्षणों की देन हैं और कहा है कि विक्षुब्ध व्यक्ति से टकराना व्यर्थ है। उसकी उपेक्षा सम्यक्‌ दृष्टि है।

–हमारे आस–पास जो कुछ भी फैला है, सबके लिए उपलब्ध है। इस उपलब्ध में से सीपी की तलाश मोती को पाना है।

–मौसम अंगड़ाई लेकर आज वही मोती लुटाने आया है।

–आइए, हम दोनों हाथों से उसे उलीचें और अपने भीतर के दर्द को एक ऐसी ठेस पहुंचा दें, जिसे वह कभी भूल न सके।

❑

–किसी अज्ञात लोकदर्शी ने संत आगस्ताइन की तरह ही हमें रंगों और सुखों की यह निधि दी है, इसलिए हे मित्र!

खेलो रंग हमारे संग,
मौसम रंग–रंगीला आया।

प्रदूषण

जीवन में अनेक प्रसंग आते हैं, न उसके आने का अर्थ होता है और न उनका सम्यक् अर्थ बोध ही हो पाता है, तब भी हमें स्वीकारना होता है–

❑

–स्वीकारना होता है हर आया हुआ क्षण।

–क्षण सुखद हो, आवश्यक नहीं।

–क्षण सुखद हो हर समय संभव नहीं होता।

–सुख और दुःख समभाव होते हुए भी परख में भिन्न हैं : उसी एक के अर्थ व्यक्ति के साथ जुड़कर बदल जाते हैं।

–इसलिए ज्ञानबोध की सार्थकता इसी में है कि वह सुख हो या दुःख, आया हुआ मेहमान है।

–घर जो मेहमान बनकर आता है, देवतुल्य है।

–वह घर उजाड़ है, उल्लुओं का बसेरा है जिसके यहां मेहमान नहीं आते।

–मेहमान व्यक्ति होता है यानी एक संज्ञा, मेहमान एक क्रिया भी हो सकता है, विशेषण भी और एक समूचा बोधार्थ

❑

–उस दिन रात गहरा गई थी। अचानक मेरे द्वार पर दस्तक हुई उनींदा-सा मैं उठा। मेरे सामने धवल-श्वेत वस्त्रधारी व्यक्ति था। मैंने समादर भीतर बुलाया। इतनी रात आने का कारण?

–वह स्वामी था।

–पहले मौन रहा, फिर बोला, 'नहीं जानता क्यों आया हूं। आया हूं तो यहीं क्यों आया हूं।'

–मैंने उसे आश्वस्त किया, विश्वस्त किया कि वह उपयुक्त स्थान पर है।

–स्वामी वाचक हुआ : जगत मिथ्याभ्रम है। मैंने उसे छोड़ दिया है। जीवन के सारे उपक्रम अगले जीवन को सुधारने में मैं व्यतीत करूंगा।

–यह जीवन मेरे लिए निरर्थक रहा–मेरे सभी आचार-विचार व्यर्थ हुए। जो चाहता था, नहीं मिला। मेरा समस्त जीवन भ्रम में रेगिस्तानी छलावे में बीत गया।

–स्वामी ने अपनी बात पूरी की और उसी तरह चल दिया जैसे आया था।

❑

–दूसरे दिन प्रातः एक और घटना हुईं

–इस बार आगंतुक अत्यंत वाचाल था। उसने बोलना शुरू किया तो अनंत। दावा था कि ज्ञान का असीमित भंडार मेरे पास है। आभा छवि की तरह वह स्वयं निर्मित भ्रमजाल में जी रहा था। उसे अपने-आप पर पूर्ण विश्वास था, बाकी सभी मित्रों और विद्वानों को अधूरा मानना उसके आचरण का अंग बन गया था।

–उसमें समभाव तो था किंतु दंभ कम नहीं।

❑

–उसी शाम एक मितभाषी व्यक्ति आया।

–वह सहज, सुसंस्कृत, भाषाविज्ञ और हर बात नाप-तौलकर करता रहा।

–वह तब भी भविष्य की सुखद कल्पना को व्याख्यायित कर रहा था। उसके लिए भविष्य सुनहरे पर्वत और आभाधाम हैं।

–विश्वास का वर्तमान मेरुदंड एक दरार में जी रहा था, जिससे विश्वास, आस्था और आचरण-क्षमता नष्ट हो गई है। बिना लेन-देन के कुछ नहीं होता।

–उसने आंख बंद कर हाथ जोड़े, बोला, 'मृत्यु कितनी सुखद कल्पना है। उससे अधिक परम शांति-तत्त्व और कुछ नहीं है।'

–मुझे लगा इससे बातें हो सकती हैं, किंतु वह किसी विवाद के लिए प्रस्तुत नहीं था। पानी पीकर वह चला गया।

❑

–एक अदृश्य, किंतु स्पष्ट मायालोक ने मुझे घेर लिया–

❍ स्वामी भविष्य के लिए जीवित है।

❍ भ्रमाच्छादित केंचुए जैसा है और आत्मरति प्रेरित है, वर्तमान उसके लिए भी मोहभंग है।

❍ विद्वान वस्तुपरक है और विश्व-घटनाओं और विवेक से खीझा हुआ है।

–कुल मिलाकर तीनों सुनहले मायामृग में जी रहे हैं।

❑

–पहले तो प्रश्न उठा : ये भविष्य-कल्पा आये ही क्यों, मेरे पास ही क्यों?

–फिर अचानक स्पष्ट हुआ : आने-जाने का प्रमाण खोजना व्यर्थ है। ये सब घटनाएं हैं, दुर्घटनाएं हैं या मात्र संयोग।

–मैं स्पष्ट हूं, जो अपने वर्तमान के प्रति आश्वस्त नहीं है, वह व्यतीत को नहीं जानता।

–वर्तमान का हर क्षण व्यतीत के दीर्घ क्षणों पर खड़ा होता है।

–व्यतीत और वर्तमान से अनभिज्ञ भला भविष्य को जानेगा।

–भविष्य सत्य भी हो सकता है, मिथ्या भ्रम भी, वर्तमान से निकृष्ट और प्रेतच्छाया में अच्छादित।

–भविष्य के बीज बोये जा सकते हैं, उनकी उत्पत्ति के लिए मौसम, जलवायु और परिस्थितियां मूल स्रोत हैं।

❑

–भविष्य की कल्पना किये बिना क्या हम वर्तमान में नहीं जी सकते?

–वर्तमान का हर क्षण भोग्य है : पाप हो या पुण्य कोई अंतर नहीं।

–पहले तो पाप और पुण्य भी व्यर्थ-वाचक ध्वनियां हैं।

–अपनी समस्त शक्ति का संचयन हम वर्तमान के लिए करें तो भविष्य अपने-आप बन जाएगा।

–कल्पना कीजिए, आप परीक्षागृह में हैं।

–कल्पना कीजिए, आप साक्ष्य-समिति के सामने हैं।

–कल्पना कीजिए, आप अपने नितांत प्रिय व्यक्ति के पास हैं।

–कल्पना कीजिए, आप अपने प्रियतम के सान्निध्य में चरम-सुख भोग में व्यस्त हैं।

–इन सभी सुखद-दु:खद क्षणों की उपेक्षा कर भविष्य-चेतना के द्रष्टा अपने साथ मात्र छल करते हैं।

❑

–तीनों आगंतुकों ने मुझे एक ही ज्ञान दिया : वर्तमान का समस्त आग्रहों के साथ स्वागत, जीवन के यथार्थ में उगे और पुष्पित कदम्ब-कानन में चरम-सुख भोग की प्राप्ति।

–जीना छोड़ें हम भविष्य के छलावे में, जैसे व्यतीत के दु:ख-दर्द को भूलकर ही हम वर्तमान के इस धरातल तक पहुंचे हैं कि कुछ तो सोच रहे हैं।

–मैं आश्वस्त हूं–विवेकी, संन्यासी और भ्रमी तीनों सोच रहे हैं। सोचें चाहे जो, कितना-कुछ कर सकेंगे, न वे जानते और न हम।

–हम मात्र वर्तमान के छाया-वृक्ष वन में अवस्थित होकर शुद्ध प्राणवायु का सेवन करना चाहते हैं। वह शुद्ध नहीं है तो उसका प्रदूषण भी हम अभी करेंगे–वर्तमान में ही।

संवेदना

एक सत्य की ओर

–अपनी धरती से हजारों मील दूर अचानक एक कथा याद आ रही है : कथा एक राजकुमारी और युवा राजकुमार उदयन की है। वीणावादन का अभ्यास कराते हुए दोनों एक-दूसरे के सौंदर्य से कटे रहे, इसलिए एक परदे के माध्यम से राजकुमारी की शिक्षा आरंभ हुई थी। कहा गया था : राजकुमारी अंधी है और उदयन कोढ़ी। एक दिन अचानक क्रोध में युवा राजकुमार के मुख से शब्द निकले : अंधा क्या सीख सकता है? राजकुमारी का उत्तर था : कोढ़ी क्या सिखा सकता है? आवेग में परदा उठा तो वहां न कोई अंधा था, न कोढ़ी।

–एक आवरण के रहते सत्य दोनों से कोसों दूर था।

–एक विदेशी भूमि में खड़े होकर यह कथा बार-बार मुझे काट जाती है।

–स्मृति की पलकें विस्फरित होकर चिंतन का द्वार उद्‌घाटित करती हैं।

–एक अटूट सिलसिला शुरू होता है : सत्य का, असत्य का, झूठ-फरेब और अपनेपन का भी!

–चेहरे उभरते हैं : जो काटते थे, जो बांहों में घेरते थे।

–शब्द गूंजते हैं : जो प्रातः, सांध्य प्रार्थनाओं के साथ उपजते थे और कर्म के साथ अदृश्य होते थे।

–एक घिनौनापन सामने आता है, एक विराट सौंदर्य उसे निगलता दिखाई देता है।

–यहां पहुंचकर लगता है, किसी ने मुझे छीन लिया है। राजकुमार उदयन की तरह एक आवरण के शिकार में मैं फंस गया हूं।

❑

–मैं स्वयं से पूछता हूं : तैरने की शक्ति मछली में है या पानी में?

–उत्तर मिलता है : तैरने की शक्ति मछली में है।

–प्रश्न उभरता है : क्या पानी के बिना भी वह तैर सकती है?

–नहीं!

–तो? मछली के तैरने की शक्ति पानी है। पानी उसका अस्तित्व है।

–आज मुझे लगा, पानी के बिना मैं भी अस्तित्वहीन हो रहा हूं।

—यदि आकाश न होता तो आनंद नहीं होता।

—आकाश के बिना जिस अस्तित्व की कल्पना की जाए, वह नितांत भयावह होगा और भयभीत व्यक्ति अपने को अकेला अनुभव करता है!

—अपने को भय से बचाना है तो उसमें धागा पिरोना जरूरी है।

—उड़ता हुआ पक्षी अपना पंख खो दे तो वह निरीह होकर कहीं भी गिर सकता है: धरती, जल या त्रिशंकु की तरह किसी वृक्ष की टहनी पर।

—शक्ति का केंद्र कहीं बहुत बारीक हवा के एक धागे की तरह छिपा होता है। उसके टूटते ही चाहे मशीन हो या आदमी, गतिहीन हो जाता है।

—इस सत्य की दृष्टि पाने पर तथ्यों की चढाई नितांत सहज हो जाती है।

—बीती हुई रात्रि वापस नहीं आती, जैसे टूटा हुआ प्यार नहीं जुड़ता।

—टूटन और घुटन को लेकर आदमी जी नहीं सकता, क्योंकि उसका दर्द संज्ञाहीनता की ओर प्रतिबद्ध है।

—अचानक एक अकेलेपन का अहसास मुझे उस विवश व्यक्ति की तरह तोड़ जाता है, जो एक छोटे-से दमघोंटू कमरे में बंद हो गया है और जिसके भीतर और बाहर की चाबी गुम हो गई है।

❑

—सब-कुछ होते हुए लगता है, कुछ भी नहीं है।

—यह जानते हुए भी कि अज्ञानी संवेदन के धरातल पर जीता है, मैं संवेदना से दूर नहीं भाग सकता।

—संवेदनाहीन व्यक्ति आदमी नहीं मशीन हो सकता है और मशीन बनकर जीना न संभव है, न धर्म है, न सत्य है, न स्वीकार है।

—राजकुमार उदयन की तरह एक आवरण अचानक हट गया है, मेरा आकंठ स्पष्ट है : ओ मेरी धरती!

—तेरे अंकुर और कीड़ों-भरा कीचड़ मेरे भीतर समाहित है।

—अंकुर से गेहूं की बालें फूटती हैं, कीचड़ से कमल।

—दोनों हाथों की जय कहां है—सिर्फ तेरे भीतर है, तेरे भीतर है!

—मैं दूसरे विमान से ही सारा सौंदर्य छोड़कर एक सत्य की ओर लौट रहा हूं।

भोग से बचपन क्यों?

—पहाड़ी रात! अकेला बैठा नीत्से अपने-आपसे लड़ रहा था। सहसा उसने आवाज दी, 'लिव डेंजर्सली' यानी खतरों के बीच मजे में जियो। उसकी आवाज लौट आई, वहां सुनने वाला कोई नहीं था। अपने कथन की पुष्टि के लिए उसने स्वयं अंधेरे में कूद जाना चाहा।

—तभी प्रभात का पक्षी बोल उठा।

—नीत्से वहीं ठहर गया।

—शांत तालाब में पत्थर फेंकें तो गोलाकार दायरे बनने लगते हैं। नीत्से को पढ़कर जिंदगी कहीं डगमगा उठी तो प्रश्नों के घेरे उभर आए— 'जीवन-सत्य क्या है?'

—सदियों पहले राजा जनक और महर्षि अष्टावक्र इसी प्रश्न के शिकार हुए थे। अष्टावक्र शरीर से घृणित, किंतु अगाध ज्ञान से लबालब भरे परम ज्ञानी थे। उन्होंने कहा था, 'राजन, स्वतंत्र रूप से न तो यह दृश्य-जगत सत्य है और न स्वप्न-जगत। सत्य केवल आकाश है! बाकी सत्य उसी चरम सत्य की परछाइयां हैं।'

—अर्थात् जीवन-सत्य एक आकाश है!

—जनक-अष्टावक्र वार्ता का अंतिम लक्ष्य इससे और भी दूर चला गया। प्रतिफल निकला सब व्यर्थ है, सब निस्सार है और यही जीवन-सत्य है।

—चार्वाक ने इसी को समझकर शायद कहा था, 'ऋणम् कृत्वा घृतम् पिबेत्'।

—सोचता हूं नीत्से, अष्टावक्र और चार्वाक—इनमें भेद कहां है? क्या जीवन सचमुच इतना व्यर्थ है?

—'सत्य केवल आकाश है' अपने-आपमें यह कितना बड़ा असत्य है! 'खतरे में जीने' की बात सोचने वाला प्रकाश के आभास मात्र से क्यों डगमगा उठता है? चार्वाक के निजी बही-खाते में कर्ज का हिसाब क्यों नहीं है?

—यही सब बुद्धि का भ्रम है। इसलिए दुनिया के सभी श्रेष्ठतम विचारक पागल समझे जाते हैं—सुकरात से काफ्का तक और शंकराचार्य से बर्ट्रेंड रसल तक।

❑

—दुनिया का नक्शा इसके विपरीत है, वह सौंदर्य से लबालब भरी है। उसे देखने के लिए दृष्टि चाहिए।

—दृष्टि हो तो दर्द में भी एक सुख है।

–गर्भिणी की सूखी और पीली देह नये जन्म का सुखद संकेत है।

–सांस से बड़ी कीमत और किसी चीज की नहीं है।

–सांस का उद्‌गम हृदय है।

–इसलिए नया मनुष्य पैदा करना है तो मनुष्य के जीवन का केंद्र बदल देना आवश्यक है। यह केंद्र मस्तिष्क की अपेक्षा हृदय के जितने पास होगा, जीवन-धारा उतनी ही गतिशील होगी।

–आदमी की सांस जितनी गहरी, लयबद्ध और संगीतपूर्ण होगी, उतनी ही जीवन-चेतना उसके भीतर फैलेगी।

–आदमी जितना निर्भय होगा, उतना ही हृदय के पास पहुंचेगा।

–भय और मिथ्या धारणाओं का केंद्र मस्तिष्क है।

❑

–सोचने से ही आदमी पागल हो जाता है, लेकिन फिर भी वह जीवित रह सकता है।

–अर्थ हुआ कि विषाद की जड़ बुद्धि है। मस्तिष्क ही आदमी को धोखा देता है।

–आदिपुरुष इड़ा के जाल में फंसकर ही भटक गया था। भटकने का इतिहास यहीं से आरंभ होता है।

–लेकिन वहीं से इतिहास बना भी है, श्रद्धा की स्वर-लहरियों ने आज की दुनिया तक आदमी को पहुंचाया है।

–एक हृदय ने सारे विनाश की रक्षा की है। इसलिए सही संदर्भों में जीवन का केंद्र मस्तिष्क नहीं, मन है। केवल सोचकर आदमी, आदमी की तरह जी नहीं सकता।

–सोचकर वह जड़ जरूर बन सकता है।

–दुनिया को इसलिए मस्तिष्क से नहीं, मन से देखिए।

–वेदों का 'ओम्' मन की श्रेष्ठता की ओर संकेत है : 'ओम्' अर्थात अ उ म...! अ, ऊर्ध्व मस्तिष्क है, उ मध्य हृदय और म अंत नाभि। तीनों का सबध हमारी स्वर-तालिका से है, लेकिन तीनों में श्रेष्ठ मध्य या हृदय है। वही 'ओम्' को उच्चारित करने के लिए वायु देता है।

–यह आदि-ज्ञान अनुभव के उन क्षणों में मिला था, जब आदमी अनुभव-शून्य था। उसकी निरंतर सत्यता उसके शाश्वत होने का संकेत है।

–हम शाश्वत क्षणों को पहचानें, जीवन-केंद्र हृदय की भाषा में बात करें। इसी में सार्थकता है।

–अंततः परमतत्त्व और परमसत्य क्षण भोगने में है–उन्हें प्यार से भोगिए या प्रतिकार से। जैसा भोगेंगे, वैसा मिलेगा।

–अंत एक दिन निश्चित है, फिर भोग से बचना क्यों?

प्रार्थना क्या है?

—मेरा एक प्रश्न है, 'आराधना और प्रार्थना करते हुए मैंने लगभग तीस वर्ष गुजार दिए। हाथ कुछ लगा नहीं। आखिर ऐसी प्रार्थना का फल ही क्या है?'

—प्रार्थना के परिणाम से पहले उसका अर्थ समझना आवश्यक है। इस प्रसंग में स्वामी विवेकानन्द का स्मरण आता है। उनके मित्र स्वामी रामकृष्ण ने परेशान विवेकानन्द से कहा था, 'तू आकर देवी से कुछ मांग क्यों नहीं लेता?' विवेकानन्द कई बार मन्दिर गए, घंटों आराधना में लीन रहे, फिर खाली हाथ वापस आ गए। आते ही बोले, 'वहां पहुंचते ही भूल जाता हूं कि मेरी कोई मांग भी है।'

—रामकृष्ण ने कहा था, 'विवेकानन्द को अब सब-कुछ मिल गया है। यदि प्रार्थना के क्षण में भी इसके मन में मांग की दृष्टि बनी रहती तो मैं समझता इसे प्रार्थना की कला नहीं आती।'

—शायद प्रार्थना की कला किसी को नहीं आती।

—प्रार्थना का समानार्थी शब्द न 'रिक्वेस्ट' है और न आराधना।

—प्रार्थना दोनों हथेलियों को फैलाकर मांगी गई भीख है।

—प्रत्येक प्रार्थना करने वाले को प्रार्थी अथवा याचक कहा जाता है।

—याचना एक भीख है और भिखारी का लक्ष्य दाता नहीं है! उससे होने वाली उपलब्धि की ओर होता है। यह कहा जा सकता है कि याचक अपने दाता को नगण्य घोषित कर देता है। दाता को हेय दृष्टि से देखना अपने भीतर संशय को जन्म देना है।

—संशयग्रस्त व्यक्ति कभी ऊंचाइयां नहीं पा सकता।

—जब सारा मन ही संशय में पड़ा हो, तब यह कहना कि मन्दिर में जाकर वह ईश्वर की भक्ति करता है, उससे प्रेम करता है, एक झूठ है।

—प्रार्थना का भक्ति और प्रेम से दूर का भी रिश्ता नहीं है। वह मात्र एक मांग है, एक याचना है, भिक्षा का पात्र है अथवा सही संदर्भों में कहा जा सकता है—व्यापार है।

–व्यापार में हानि–लाभ और लेन–देन सभी कुछ चलता है। व्यापार का मूल केन्द्र ही संशय और उपलब्धि है।

–मैंने अभी कहा था संशयग्रस्त व्यक्ति ऊंचाइयां नहीं पा सकता, व्यवसायी की उपलब्धि समय और श्रम होता है, याचना नहीं।

–आदमी की आकांक्षाएं उसे धुएं की तरह घेरे रहती हैं।

–उन्हें पाने के लिए वह निरन्तर यहां–वहां टकराता रहता है, जब कहीं कुछ हाथ नहीं लगता, तब वह ईश्वर के दरवाजे खटखटाता है। वह मंदिर जाता है, आंख बन्द कर घंटों पूजा करने का ढोंग रचता है।

–ऐसी स्थिति में भी उसका मन कहीं और होता है।

–यदि तभी अचानक कहीं से 'पूर्ति' की आवाज सुनाई दे जाती है, तो वह 'ओम्' कहकर पूजन से उठ जाता है यानी समूची याचना के समय वहां न रहकर कहीं और रहता है।

–उसका लक्ष्य ही जब भौतिक लाभ है तो प्रार्थना निरर्थक हो जाती है।

–निजी लक्ष्य के लिए की गई प्रार्थना को भक्ति नहीं माना जा सकता। इसलिए प्रार्थना का संबंध प्रेम से जोड़ना गलत है।

–बुद्ध ने प्रार्थनाएं की थीं, निराश होकर उन्होंने स्वर दिया था–'अपने–आपसे बड़ा दूसरा कोई नहीं है।' बुद्ध ने अपने भीतरी ज्ञान के प्रकाश में दूसरों को भी झुका लिया और कहा, 'बुद्धं शरणं गच्छामि।'

–अपने से बड़ा वास्तव में कुछ भी नहीं है–न यह विश्व है, न विश्व की कोई क्रिया, कोई शक्ति, कोई संयोजना, भक्ति, आराधना अथवा प्रार्थना।

–लगता है आदमी अपने भीतर के हीरों की खान के पास खड़ा होकर कांच की गोलियां मांग रहा है।

–वास्तव में याचना का सही माध्यम हमारे भीतर का ही केन्द्र–बिन्दु है, इसलिए याचक बनना ही हो तो अपने–आपसे बनना चाहिए।

–प्रार्थना का आधार इसी दृष्टि से देखा जा सकता है।

–वास्तव में प्रार्थना एक आनन्द है, संतोष की अन्तिम सीमा है।

–प्रार्थना एक विश्राम–स्थल है, जहां कोई उत्तेजना नहीं है, जहां गति आकर ठहर गई है, संपूर्ण शक्तियां व्यवस्थित हो गई हैं और अपने निजी आत्मबोध को छोड़कर अपना सब–कुछ किसी और के हाथों सौंप दिया है।

–सर्वस्व समर्पण में न मांग होती है, न चाह और न प्रतिदान की भावना।

–सारी चिंताएं तब अपने भीतर से इस तरह खिसक जाती हैं, जैसे रोशनी होते ही अंधकार।

–उन अभिभूत क्षणों में आवश्यकता रह जाती है मात्र जाग्रत रहने की क्योंकि :

एक चुप नकार की होती है!

एक चुप स्वीकार की होती है!

–इन संकेतों को समझाया नहीं जा सकता–मन का विवेक अपने–आप ग्रहण कर लेता है।

–अविवेकी तीस वर्ष क्या, वर्षों की चिरंतन प्रार्थना तक कड़ियां ही गिनता रहेगा और अपनी हर प्रार्थना के साथ एक नई मांग रखता रहेगा।

–मेरे मित्र, हर मांग पूरी होने लगे तो बाजार–भाव गिर जाएंगे, मुद्रा का मूल्य नष्ट हो जाएगा!

–प्रत्येक संबंध लेन–देन पर ठहरा है, इसलिए याचक की मुद्रा में प्रार्थी बनकर शिकायत करने की अपेक्षा प्रत्येक प्रार्थना में ठहरे हुए क्षण को पहचानिए और आनंद में डूब जाइए : प्रार्थना एक आनंद ही तो है!

बेतहाशा दौड़

–आज की बेतहाशा दौड़ हमें कहां ले जाएगी?

–एक पाठक

❑

–गति और गतिमय होना आज की विभीषिका है।
–गति जितनी तीव्र होगी, हमारी आयु उतनी ही क्षीण होगी।
–गति की तीव्रता हमारी संवेदनाओं और स्नायुओं के प्रभावकारी आक्रमण है।
–गति और उससे उत्पन्न तीव्रता शोर को जन्म देती है।
–शोर हमारी समस्त शिराओं में प्रवेश कर धमनियों में बया के घोंसले-से लटक जाते हैं या चमगादड़ की तरह अंधेरे में कुलांचे भरते हैं।
–शोर से बचने के लिए इसलिए प्रयत्न हो रहे हैं।
–प्रश्न उठता है–शोर से बचा जा सकता है?

❑

–प्राचीन युग से आरंभ करें तो ऋषियों के केंद्र वेद वाक्यों और पक्षियों के अपार कलरव के शोर-केन्द्र थे।
–कह सकते हैं कुछ कि वे ग्राह्य हैं : वेद-ऋचाएं पावन-पवन हैं, पक्षियों के कलरव अटूट गीत के निरंतर बजने वाले स्वर हैं।
–सत्य है क्या यह?
–शोर से भागने के इच्छार्थी यहां भी आकंठ शोर में डूबते हैं।
–हां, शोर के बाद पवन-भेदी आच्छन्न शांति। संभवतः इसी शांति ने उन्हें शोर के बीच रहने-सहने का मर्म दिया।

❑

–शोर लेकिन तब भी था।
–वैसी शांति आज भी हमारे ग्रामांचलों में है।
–नगरों और महानगरों का अभिषेक शोर से हुआ है।
–सुबह का सूरज शोर के साथ यहां प्यार समझता है और अंधेरे को निगलता हुआ अपने अस्तित्व का निरंतर परिचय देता है।

–परिचय कौन नहीं चाहता, कौन अपरिचित रहना चाहता है?

–जीवन गति है, वह विलंबित और स्थिर होकर किसी नदी के किनारे मात्र द्रष्टा के रूप में खड़ी रहेगी तो नदी काल-प्रवाह बनकर अपने परिचय का विस्तार करती रहेगी, स्थिरता वहीं खड़ी-खड़ी अपना जीवन समाप्त करेगी।

–अमरत्व कहीं नहीं है–न नदी में, न स्थिर गति में, नदी महासागर के द्वार पर पहुंचकर अपने दंभ से पराजित उसी में समा जाने के लिए विवश है, स्थिर गति शनैः शनैः दीमकों के घर में बदलेगी और अमरत्व मिट्टी में मिलने को समर्पित हो जाएगा।

❑

–नदी का प्रवाह भी वास्तव में शोर है। एक नन्हा-सा शोर जो महासागर के गर्जन-शोर का भक्षक बनता है।

–स्थिर गति काल के कीड़ों का भोजन है–स्थिर जो है, वहां गति होगी कहां, पृथ्वी का निरंतर गतिशील बने रहना ही उसे कहीं बचाता है और अचानक हम 'स्थिर गति' कह देते हैं।

–पृथ्वी की जल गति शून्य नहीं है, तो वह स्वयं शोर है।

❑

–वह शोर का एक पक्ष है, जो सहज और सनातन है, दूसरा पक्ष है मनुष्य की रागात्मकता से।

–मनुष्य-जन्म विराग से नहीं राग से हुआ है–वह शांत नहीं दर्द और क्रंदनमय है।

–विकसित होता यही दर्द और क्रंदन आगे बढ़ता है।

–सभ्यताओं के शिखर शोर से दूर होकर कभी खड़े नहीं हुए।

–पत्थर पर जब छैनी चलती है, मशीनें जब पत्थरों को टुकड़े-टुकड़े में बांटती हैं, निरंतर शोर से गुजर रहे होते हैं वे क्षण।

–इसे रोक दें तो गगनचुम्बी भवन नहीं बनेंगे। नहीं बनेंगी सड़कें, नहीं चलेंगी रेलें, विमान नहीं चलेंगे और भेद की दीवारों से उद्‌भूत युद्ध और महायुद्ध-क्या होगा इनका?

–युद्ध अनिवार्य नियति है।

–युद्ध हमारे भीतर भी निरंतर सक्रिय है और बाहर तो स्पष्ट दृष्टव्य है।

–मनुष्य में जब तक महत्त्वाकांक्षा के बीज होंगे, वृक्ष उगेगा ही, उगा वृक्ष वट-वृक्ष बनेगी ही।

❑

–सृष्टि इस प्रक्रिया में कम दोषी नहीं है।

–सृष्टि के निर्णय कभी निष्पक्ष नहीं रहे–उसने किसी को स्वर दिए, किसी को पंख, किसी को श्रवण-शक्ति, किसी को गति और किसी को अ-गति।

–यह सृष्टि का बंटवारा है। इस बंटवारे में सृष्टि समष्टि नहीं रही, उसने भेद किए और भेद से विघटन को जन्म मिला।
–सह-शक्ति जिनमें है, वे अजगर-से सिकुड़कर बैठ गए, जिनमें नहीं है, वे चूहों और शेरों की तरह भागते और दहाड़ते रहे। इन्होंने सृष्टि को भरपूर कोसा।

❑

–मनुष्य सबसे बड़ा क्रांतिदर्शा सिद्ध हुआ।
–मनुष्य ने सृजन के नए द्वार खोले : एक नहीं अनेक।
–प्रतिक्षण मनुष्य ने सृष्टिकर्ता और प्रकृति को चुनौती दी :

- पंखहीन हमें नहीं रखा जा सकता–विमान।
- गतिहीन नहीं होंगे हम–कारें और रेलगाड़ियां।
- पराजय अस्वीकार होगी हमें–अस्त्र-शस्त्र।
- वन्य जीवों का भक्षण नहीं बनेंगे हम–तीर, धनुष-बाण, पिस्तौल, गोलियां।
- विकास की गति हमारी अवरुद्ध नहीं होगी–प्रक्षेपास्त्र।
- समूचे विश्वास का सूत्र मात्र पृथ्वी है इस असत्य को अस्वीकार करेंगे हम–अंतरिक्ष में बस्तियां, अन्य ग्रहों की खोज, चंद्रमा पर विजय।

–सृष्टि को चुनौती देने के लिए विज्ञान का विकास करना होगा।
–इन दोनों प्रक्रियाओं में युद्ध अनिवार्य है।
–युद्ध वे ही नहीं हैं, जो दो देशों या अनेक देशों के बीच होते हैं।
–युद्ध हमारे भीतर शांत-जगत में भी निरंतर होते रहते हैं।

❑

–शांत हम नहीं हैं, न कभी रहेंगे।
–वन में हों या एकदम अकेले, भीड़ में हों या हवा में तैरते हुए, निरंतर एक युद्ध से जूझते रहते हैं हम।
–शांति की खोज फिर क्यों?
–शांति का नारा फिर क्यों?
–शांत रहकर हम अपने अस्तित्व को बौना नहीं बनने देंगे।
–संघर्षरत रहेंगे हम सृष्टि की निरपेक्षता को चुनौती देने के लिए।
–संघर्षरत रहेंगे हम अपने विकास और नये जन्मों को विकसित करने के लिए।

❑

–सोचिए तो सही : यह बियाबान संघर्ष-चेतना किसने मनुष्य को दी है।
–जिसने भी दी हो, दे दी। उसे अब देय का प्रतिफल सहना होगा।
–इस चुनौती की सामर्थ्य यदि हमें दी है तो शोर हमारा साथी होगा, गति हमारी जीवन-दृष्टि होगी और इस बेहताशा दौड़ के साथ हमें अपने को समाहित करना ही होगा।

जागृति-केंद्र

स्मृतियां

–अमरता! इसका सीधा-साधा शाब्दिक अर्थ है : जो मरता नहीं।

–कौन है जो चिरंजीवी है?–अश्वत्थामा, जिसके बारे में कहा जाता है, आज भी वह वन-खंडों, नगर-प्रांतरों और महानगरों में अदृश्य घूमता रहता है!

–आज तक किसी को वह मिला नहीं...मिथ एक आवरण है, जो भीतर से खोखला है और जिसके चारों ओर से सब-कुछ बाहर निकल जाता है।

–अश्वत्थामा की अमरता का मिथ मात्र प्रतीक है उसके गुणों का, क्योंकि अमरता का अर्थ अ-मृत्यु नहीं है।

–मृत्यु एक नैसर्गिक घटना है और जीवन मनुष्य की रेल-यात्रा का सहयात्री है अथवा सराय में ठहरा हुआ क्षण है।

–'मृत्यु की सार्थकता को समझते हुए भी अमरता की बात क्यों उठाई जाती है?'

–परोक्ष-रूप से युधिष्ठिर ने महाभारत के वनपर्व में इसी को दुनिया का सबसे बड़ा आश्चर्य कहा है?

–युधिष्ठिर से बड़ी आधुनिकता कबीर में थी, जिन्होंने कहा है, 'हम न मरें मरिहै संसारा, हमकू मिल्या जियावनहारा!'

–यह अमरत्व-बोधक आध्यात्मिकता है और इसी की सही दृष्टि ने कबीर को अमर बनाया है।

–कबीर के अंतिम शब्दों का संकेत आस्तिकता में नहीं ढूंढ़ा जा सकता, कबीर अनास्थावादी थे।

–उन शब्दों की खोज में ही उठाए हुए प्रश्न का उत्तर निहित है!

❑

–महाकवि अकबर इलाहाबादी का एक शेर है :

कोई बैठ के लुत्फ उठाएगा क्या
कि जो रौनके बज़्म तुम्हीं न रहे!

—यह कबीर से एकदम दूसरी दृष्टि है। इसकी प्रासंगिकता यारों और दोस्तों की महफिल में ढूंढ़ी जा सकती है।

—कबीर महफिल-प्रेमी नहीं थे। वे तो सबका घर फूंककर सड़क पर नंगा खड़ा कर देने पर आमादा थे।

—मनुष्य अकेला आया है, अकेला जाएगा—उसमें सामाजिकता का सूचनांक ही अमरता का बोध है।

—सही अर्थों में अमरता एक कैलेंडर है, जो कभी दीवार से नहीं हटता, बोरियत को मिटाने के लिए केवल उसके संकेत पलट दिए जाते हैं।

—बोरियत से ज्यादा दर्द और किसी रोग में नहीं है।

—इसी को हटाने के लिए आदमी की दौड़ का अध्याय शुरू हुआ है।

—अन्यथा जिंदगी के संदर्भ हैं : बरसात में चिकौड़े की तरह बढ़ना, गरमी में सूखकर मिट्टी में मिल जाना और फिर अगली बरसात के लिए अज्ञानी, शून्य और दिग्भ्रम आकाश की प्रतीक्षा करना।

—यही भ्रम किसी तरह मनुष्य को बांधे भी रहता है। आखिर जीव के लिए कोई सहारा तो चाहिए।

—दूसरा सहारा ज्योतिषी देता है, लेकिन जब आयु का पता लगाने के लिए हम उसके पास जाते हैं तो वास्तव में हम अपनी मृत्यु ही तो पूछते हैं, पूछना चाहिए अपनी अमरता को। उसका संबंध न तो जीवन से है, न मृत्यु से।

—अमरता का संबंध सीधा कर्म से है और कर्म स्वयं में गत्यात्मक साधना है।

—लॉर्ड टेनीसन ने लिखा है : 'मृत्यु एक महोत्सव है। उसके बाद सफाई करने वाले ठेकेदारों का कब्जा हो जाता है। जब वे अपना काम निबटा लेते हैं, तब वास्तव में आदमी की परख होती है, वही उसकी अमरता है।'

—एलबर्ट श्वाइत्जर ने आकांक्षा की थी : 'मैं जीवन-मूल्यों और आदर्शों को परख लूं और शाश्वतता का आलिंगन करूं।'

—आदमी के भीतर निरंतर बगुले उठते रहते हैं, अन्त में वे सब शांत हो जाते हैं, शेष रह जाती है प्राणों की आंधी। यही आंधी सार तत्त्व है।

—इसी में कबीर के अंतिम शब्दों का अर्थ छिपा है : कौन है वह 'जियावनहारा'?

—अमरता ही तो!

—और अमरता है—अपने कार्यों से निरंतर स्मृतियों में जीवित रहना!

—इसी से मैंने कहा था, अमरता मृत्युबोध नहीं है और न अ-मृत्यु है। वह सत्यों से परे एक और असीम सत्य है—स्मृतियां ही तो इतिहास लिखाती हैं।

—स्मृतियां ही जीवन का जागृति-केंद्र हैं, जिसे वे मिल गईं, शेष क्या रह गया?

विजय का सुख

—अनेक प्रश्नों से उलझा वह अचानक एक दार्शनिक के पास पहुंच गया। दार्शनिक ने पूछा, 'परेशान क्यों है?'

—उसने कहा, 'मार्ग विस्तीर्ण है। चलने की सीमा निर्बाध नहीं है। मेरी खोज पूरी नहीं होगी, यही मेरी परेशानी है।'

—दार्शनिक ने दिव्य नेत्रों से उसे देखा, फिर नेत्र बंद करके बोलते गए ...।

❑

—मन और मस्तिष्क एक नहीं हैं।

—मन शांति खोजता है, मस्तिष्क भटकाता है।

—इस संदर्भ में गंतव्य को देखो, जो भी चल रहा है मात्र इसलिए नहीं कि उसे चलना है। उसे एक निश्चित स्थान तक पहुंचना है।

—निश्चित स्थान तक की पहुंच उसकी सीमा है।

—सीमा तक पहुंचकर सफलता का अनुभव नहीं किया जा सकता। पहुंचने के बाद निश्चिंतता घेर लेगी, थकावट से आक्रोश उत्पन्न होगा और पीछे लौटकर देखने की दृष्टि समाप्त हो जाएगी।

—भोग के क्षण वास्तव में यात्रा के साक्षी हैं। यात्रांत में वे समाप्त हो जाते हैं।

—चलना अपने-आपमें दृढ़ संकल्प है। चलते रहना उस संकल्प की साधना है।

—निरंतरता में ही जीवन के सुखद क्षण होते हैं।

—निरंतर गति-सीमा का हर क्षण अपने-आपमें संपूर्ण है।

—आगे बढ़ता हर कदम न तो संदर्भ रहित है और न निष्काम है।

—प्रतिफल, प्रतिक्षण को पहचानना सत्य की पहचान है।

—व्यतीत निरर्थक भले ही न हो, गंतव्य की कुंजी है, यात्रा का स्वागत द्वार भी नहीं।

—सुख और सत्य की अनुभूति यात्रा के हर क्षण में मिलती है।

—यात्रांत में तो सभी समाप्त हो जाता है।

—यात्रांत के बाद शेष रहता है—मात्र पश्चाताप।

❑

–तब हम गणित का हिसाब लगाने लगते हैं। हिसाब इतना टेढ़ा-मेढ़ा होता है कि उसका हल नहीं मिलता।

–हिसाब के चक्रव्यूह में मात्र अपनी गलतियों और पछतावे का इतिहास मिलता है।

–सार्थकता इसी में है कि गणित के पास तक पहुंचा ही न जा सके।

–गणित संचय है। संचय लक्ष्मीपुत्रों के लिए छोड़ना उपयुक्त होगा।

–विचारक और सार्थकता का पदगामी संचय में नहीं वितरण में विश्वास रखता है।

–वह स्वयं समेटता है और फिर उसे ही वितरित करता जाता है। इस वितरण में एक अंश उसका भी है।

–यही लघुतम अंश परम-चेतना है। परम-शांति है, परम-सुख है और परम-संतोष है।

❑

–काल एक व्यापक आवरण है।

–काल विभाजित है : खंडों में। हर पल या सांस का हर उतार-चढ़ाव काल-खंड का मूलाधार है।

–मूलाधार यानी किसी भव्य भवन की नींव। नींव कमजोर होगी, भवन गिरेगा।

–जीवन के पल उपेक्षित होंगे, सारा जीवन सूखे पत्ते-सा उड़ता नजर आएगा।

–जीवन की संपूर्ण सार्थकता के लिए इसलिए हर पल, हर क्षण की पहचान आवश्यक है। यहां तक कि क्षण का कोई और लघुतम स्वरूप हो तो वह भी श्रेय है।

–एक-एक क्षण का भोग और उस भोग से प्राप्त सुख, वह अत्यंत क्षणिक क्यों न हो, अंततः हमारी विराट सफलता का प्रतीक है।

–स्मरणीय है कि लघुतम क्षणों का एकीकरण ही एक इकाई बनता है और इकाइयों का एकीकरण ही समय की कालावधि है।

–समय को पहचानना है तो हर इकाई को पहचानना होगा।

–कालावधि का अंतिम चरण हमारे जीवन का भी अंत है।

–अंत में पहुंचकर विचार मात्र पछतावा है।

–जीवन की समाप्ति न तो जीवंत क्षणों का संग्रह है और न आत्मभोग का संतोष। हमारे बाद जो शेष रहेंगे, वे भले ही हमारे सारे श्रम का लाभ उठा लें और हमें पत्थरों में कैद कर दें, हम तो नष्ट-जीवन की शेष राख के रूप में ही जाने जाएंगे।

–श्वास की गति, श्रम का हर चरण, श्रम से प्राप्त आनंद की अनुभूति, अनुभूति की निरंतरता और उस निरंतरता का सुख, वही सार्थक जीवन है।

–सार्थक जीवन के लिए ही सारी इच्छाएं और आकांक्षाएं हैं। जीवन की समाप्ति शव में है।

–एक क्षण में महानतम सिद्धि प्राप्त नामवाचक संज्ञा शव के रूप में बदल जाती है। शव का कोई नाम नहीं होता।

–अपना शव न हम देखते, न वह हमारी पहचान है।

–इसलिए इस अंतिम बिंदु तक पहुंचने की कामना हमारी सबसे बड़ी मूर्खता का पर्याय है।

–अपने इतिहास का नियंता हमें स्वयं होना चाहिए।

–अपने श्रम के प्रतिफल का भोगी हमें स्वयं होना चाहिए।

–हमारे श्रम का प्राप्त ही संतोष है और संतोष की प्राप्ति ही हमारे जीवन की सफलता है।

–यही हमारी अपनी पहचान है।

–अपनी पहचान स्वयं संचित कर मेरुदंड से मजबूत खड़े हो जाना अंतिम और चरम लक्ष्य होना चाहिए।

❑

–मेरे मित्र, तुम्हारी परेशानी का अनुभव मैं कर रहा हूं : तुम भ्रमित हो। अंत तक पहुंचकर सांस लेना चाहते हो यानी शव बनकर अपनी पहचान छोड़ने की परोक्ष आकांक्षा है।

–इस भूल को समझ लो, सब बदल जाएगा : सब अपने होंगे, सब सुखी होंगे।

–सबके सुख में ही आत्मसुख है। कितनी बार मुस्करा सके हो, कितनी बार हृदय ने सत्य की धड़कन को पहचाना है, कितनी बार अपने प्रिय से भेंट हुई है, कितनी बार जीवन के तार मिले हैं जिनसे रक्त-संचार हुआ है, कितनी बार चुपचाप प्यार का चुंबन मिला है–इनका हिसाब नहीं चाहिए, इनकी अनुभूति चाहिए।

–अनुभूति ही चरम सत्य है, अनुभूति ही अंतिम लक्ष्य है।

❑

–मेरे मित्र, व्यतीत वर्ष को इसी दृष्टि से देखो। अपने क्रियाकलापों को ऐसे ही अनुभूति के क्षणों में विभाजित करो, अपने जय की पताका स्वयं फहराने का सुख तुम्हें मिलेगा।

बरसात के बादल

—दहाड़ते हुए आकाश ने अचानक सबको थर्रा दिया है। मैग्नीशियम के तारों की तरह सहसा एक चकाचौंध हुई और तिरोहित हो गई

—क्या हुआ कि सबने अपने दरवाजे बंद कर लिए?

—गांव से लेकर शहर तक के आंगन भीग उठे हैं।

—मौसम ने करवट ली है, धरती पर टिका हुआ शून्य क्षितिज फट पड़ना चाहता है।

—लेकिन कोई भयभीत नहीं है, एक नई भूमिका का अभिनंदन करने के लिए हर कोई आतुर है।

—हे ईश्वर! बादलों-सी शक्ति हमें भी दे और दूसरों के लिए मिट जाने का संकल्प हमारे भीतर पैदा कर!

—आदिमानव से लेकर बीसवीं सदी के मशीनी आदमी के भीतर से भी यह भावना अभी नहीं गई है।

—वह अब भी सूर्य को अर्घ्य देता है और प्रार्थना करता है, जिस तरह लोहे का जल वायुमंडल में बिखर जाता है, हमारा जीवन भी बिखरकर समष्टि को अर्पित हो जाए।

—हर नई प्रगति के बावजूद आदमी का भय बढ़ा है और उसकी शांति भंग हुई है। संभवत: वह इसलिए ऐसे क्षणों की तलाश में रहता है और पाते ही दोनों हाथों गों समेट लेना चाहता है।

—बरसात के बादल भय और अशांति का संकेत देते हुए भी अपने भीतर धरती का हरापन लिए उतरते हैं, इसलिए स्वागतेय हैं।

—स्वागत धरती करती है, आकर्षण का बिंदु तो वही है, इसलिए उससे श्रेष्ठ विश्वमंडल का कोई दूसरा नक्षत्र नहीं है।

—बादलों का अस्तित्व भी तो धरती के साथ बंधा है। वह जो कुछ धरती से लेता है, धरती को ही देता है।

—गर्भिणी नारी की तरह अपना भीतरी भार मिटाने के लिए ही तो बादल मजबूरन नीचे टूटकर गिरता है।

—इसलिए बादल कभी गरजता है, कभी धड़कता है, कभी फटता है, फूटता है, तो कभी मंथर गति से प्यार के बगूले भी छोड़ता है।

–बादल स्वयं बादलों को छानता चलता है।

–अपने अस्तित्व-बोध और अस्तित्व-रक्षा के लिए वह निरंतर संघर्षरत है और सतत शक्ति-प्रदर्शन को एक माध्यम के रूप में स्वीकार करता है।

–आज की दुनिया भी इसी संघर्ष की प्रक्रिया से गुजर रही है।

–युद्ध के समस्त आयाम और परमाणु विस्फोट के सारे व्यायाम अपनी सत्ता को प्रस्थापित करने के संकल्प हैं।

–'माइट इज राइट' तब भी था, जब आदमी के दोनों हाथ खाली थे और अब भी है, जब दोनों हाथ भरे हुए हैं।

–संघर्ष, विनाश और वितृष्णा का केंद्र मनुष्य ही तो है। उसी से प्रकृति ने सारे उपादान ग्रहण किए हैं।

❑

–एक कुम्हार की तरह बनाते रहने और बिगाड़ते रहने में आदमी को हमेशा सुख मिला है, क्योंकि वह स्वयं बनने और बिगड़ने की नियति से बंधा है।

–कल तक का स्वच्छ और निर्मल आकाश इसी प्रक्रिया के दौर में कालिदास का संदेशवाहक मेघ बनकर आच्छादित हो उठा है...।

–वह बीसवीं सदी का शापित यक्ष ही नहीं है, सदियों के आदि स्रोत से उभरा उदार पुरुष भी है। इसलिए बादल की एक गंध होती है, जो सहज पहचानी जा सकती है।

–विमान से उड़ते हुए, बादलों के भीतर से उसके दिल की धड़कन भी सुनाई देती है। वह सन्निपात है तो फफोलों पर लगाया जाने वाला मरहम भी है।

–बादल में पानी भरा है, लेकिन उसमें न तैरा जा सकता है और न नाव ही चलाई जा सकती है। इतना विवश बादल भय का प्रतीक नहीं हो सकता!

–वह याचक है, अभी खाली हो जाएगा और फिर फटेहाल भिखारी की मुद्रा में प्रणाम करता नजर आएगा।

❑

–कालिदास ने बादल को पहचाना था, तभी तो प्रेम का नाजुक संदेश अपनी प्रिया के पास उसी के माध्यम से भेजा था।

–बरसात के बादल अंततः वैसे ही शिष्ट और संस्कारी मानसिक परिवेश से नीचे उतरेंगे, जो उन्हें धरती से मिला है। धरती से अधिक शिष्टता, सौष्ठव और संस्कार अंतरिक्ष के और किसी नक्षत्र में नहीं हैं।

–इसलिए बादल की गिड़गिड़ाहट और उसके साथ बंधी बिजली की चकाचौंध भी सुखदायी है। आइए, हम आंगन में चौक पूरकर उसका स्वागत करें, आखिर बरसात के बादल रोज तो नहीं आते।

सबसे बड़ी आकांक्षा

–पूछा गया है, 'मनुष्य की सबसे बड़ी आकांक्षा और इच्छा क्या है?'

❑

–मनुष्य की इच्छाएं असीम हैं, वह एक को पाने के बाद दूसरे की ओर बढ़ता है और फिर क्रमशः काल और दिशाओं को भी अपनी मुट्ठी में बंद कर लेना चाहता है।

–लेकिन इनके बीच खोज का सिलसिला जारी रहे तो निष्कर्ष आसान भी है और उनसे 'सबसे बड़ी इच्छा' को खोजा जा सकता है।

–महामना राष्ट्रपति डॉ. राजेन्द्र प्रसाद की एक बात स्मरण आती है। महाराष्ट्र के एक प्रसिद्ध संत ने ऐसी स्थितियां बनाईं कि राष्ट्रपति उन्हें हार अर्पित करें। राजेन्द्र बाबू को वह करना पड़ा। उसके बाद उन्होंने अपने भाषण में कहा, 'मनुष्य परिवार, संपत्ति, संसार का मोह, सुख की चाह सब-कुछ छोड़ सकता है, लेकिन यश का मोह तो बड़े-बड़े संतों से भी नहीं छूट सकता।'

–उसी दिन हमें प्रश्न का उत्तर मिल गया था, मनुष्य की सबसे बड़ी इच्छा है यश... यश के लिए वह क्या नहीं कर सकता!

–विजेता हिटलर ने मुट्ठी में सूर्य को कैद करने और हथेली पर गेहूं उगाने का उपक्रम भीतर छिपे यश की चाह के लिए ही किया था।

–एक महाकवि ने चाहा था, मृत्यु के बाद उसकी कब्र पर लिखा जाए :

'अनदेखा, अनचीन्हा रहने दो मुझे,
एक पत्थर भी न बता सके कहां सोया हूं मैं!'

इन स्वरों के बीच स्पष्ट आकांक्षा पत्थर लगवाने और अपने को विशिष्ट बनाकर यश के नए मान-बिंदुओं को छूना नहीं है?

–वास्तव में यश धन और धर्म से भी बहुत बड़ा है।

–बुद्ध, रसूल, जरस्थु, अरिहंत, ईसा सभी की दृष्टि का लक्ष्य यश का 'येरुशलम' रहा है। उसी के लिए उन्होंने महान कष्ट सहे और खोज का यात्रा-पथ स्वीकारा।

–पतंग को काटने के लिए जिस तरह धागे को कांच के चूर्ण में डुबोया जाता है, यश पाने के लिए आदमी को उससे भी दर्दनाक सीढ़ियों से गुजरना पड़ता है।

–आकाश अनंत है, उस अनंतता में नौका में सवार जब आदमी चलता है तो वह

चाह, अ-चाह, पसंद-नापसंद, नैतिक-अनैतिक इत्यादि सारी व्यक्तिगत सीमाओं से उठकर सार्वजनिक सीमाओं में डूब जाता है। वहीं से उसके भीतर सामूहिकता का उदय होता है।

—अकेले कर्म करते हुए भी सामूहिकता का बोध एक लक्ष्य है और वह लक्ष्य मात्र यश पाना है। यश समूह से कटकर नहीं मिलता।

—अनंत किरणों के स्वामी सूर्य को केवल पूर्व दिशा ही जन्म देती है, यश का सौरभ कण वैसे ही आदमियों के जंगल में से उभरता है।

—इसलिए यश का एक कर्म है और कमाया हुआ धन है।

—यश का लक्ष्य दृष्टि है और वही अर्जुन के पुरुषार्थ का बल था।

—हम अभागे युग में पैदा हुए हैं। हमें टूटा हुआ झूठा इतिहास मिला है।

—भविष्य के आतंक ने हमारे स्नायु-तंतुओं को जकड़ रखा है।

—हमारा मस्तिष्क बूढ़े सर्प के सिर से छूटी मणि की तरह खोखला है।

—विज्ञान, उद्योग और औषधि ने हमें निकम्मा बना दिया है।

—जीर्ण-शीर्ण खंडहरों पर नया महल खड़ा करना कठिन हो रहा है।

—अलग से नए महल बनाते समय परंपराओं का बोझ आड़े आता है।

—ऐसे युग में विडंबनाओं को झेला जा सकता है, लेकिन दूध को फाड़कर आसानी से दही नहीं बनाया जा सकता।

—जब तक तरल से ठोस नहीं बनेगा, हाथ कुछ नहीं आएगा।

—तरल चंदन जब धूपकाड़ी का रूप लेता है, तभी उसकी खुशबू फैलती है।

—जंगल में जब बांस घिसते हैं, तभी भयानक दावानल या जंगल की आग लगती है।

—लेकिन इस बार फैली हुई खुशबू या जंगल में लगी हुई आग अंततः कुछ तो छोड़ ही जाती है।

—वही कुछ यश है, इसलिए कहा है यश की धार खतरनाक है, लेकिन एक बार वह बन गई तो आसानी से नागफनियों को काटती चलती है।

❑

—मनुष्य का जन्म एक दर्द से हुआ है, इसलिए दर्द एक नियति है।

—सारा भोग और ऐश्वर्य भी अंततः आदमी की अदम्य लालसा में सिमट जाता है और यश पाने के लिए वह अपने शरीर को भी अपने ही हाथों काट सकता है।

❑

—कुछ ठहर गया था, कुछ थम गया था, अचानक स्वर उभरे : सुबह हुई!

❑

—सुबह हुई तो ठहरा क्या था? थका कौन था? अवसान हुआ तो किसका?

—अवसान नहीं हुआ किसी का, हो भी नहीं सकता। सूरज डूबा तो इसलिए नहीं कि वह थका था।

—सत्य तो यह है कि सूरज डूबा ही कहां है? कब डूबा है! सूरज प्रकाश का सनातन सत्य है।
—सूरज कभी थकता नहीं।
—सूरज कभी डूबता नहीं।
—सूरज की तरह बहुत कुछ है, जो कभी न डूबते हैं और न कभी थकते हैं। वे सनातन हैं और सनातन गतिवान हैं।

❑

—जैसे समय है : समय चलगामी है। पर्वत-शृंखलाओं के नीचे से भरपूर शक्ति के साथ दौड़िए तो समय उससे भी तेज भागता नजर आएगा।
—समय स्वयं सूरज है। समय और सूरज दोनों ही सार्थक, समवेत संज्ञाएं हैं। इसलिए कई बार आभास हो सकता है कि समय किसी अंधकार में पैदल चलने लगा है। यह भी हो सकता है कि लगे : समय अंधेरे में सोया नहीं है। यह भी लगे कि समंदर की लहरें खामोश हैं, क्योंकि थक गई हैं।
—सत्य भिन्न है, कुछ भी नहीं थका, कुछ भी नहीं सोया, थका नहीं कोई
—थकता नहीं दिन, थकती नहीं रात।
—दिन मात्र स्थान बदलता है और रात चांदी के कटोरे में छिप जाती है।
—भ्रम इसलिए कि संदेशवाहक हैं—एक-दूसरे के : पहचानो हमें। हमें कि हम अथक दिन हैं, हमें कि हम सदाबहार रात हैं। दिन और रात के बीच प्रेम का अटूट समझौता है। असमझ मनचाहे तथ्य देकर परिभाषाएं बनाते हैं। कहते हैं, अंधकार दिन के प्रकाश की जली-अधजली लकड़ी है। कहते हैं, वे प्रकाश जंगल की घंटियां हैं। प्रकाश व्यतीत की प्रतिध्वनि है।

❑

—दो सहयात्री चल रहे थे। चलते-चलते प्रकाश की प्रतिच्छाया ढलने लगी। उतरने लगा कुछ कि उनके बंधे नेत्र अपनी ज्योति खोजने लगे। कहा : यह तो अंधेरा है।
—अंधेरा कहां है? नेत्र की छलना-भरी पलकें कभी भी अंधेरा पैदा कर सकती हैं।
—यात्रियों ने विचार किया, सोचने लगे, समझ से उन्हें काम लेना चाहिए।
—पहचान लिया यात्रियों ने कि समझ के द्वार केवल समय खोल सकता है।
—स्तब्ध! ठहर गए वे!

❑

—उतरता रात का अंधकार कहां गया? सजल, सफल और सुनहरी धूप ने आपात उनका मस्तक चूम लिया। झटका लगा : कहां थे हम, कहां आ गए! क्या हुआ यह सब?
—मनुष्य के चेतन मस्तिष्क अंधकार और प्रकाश दोनों को एक साथ, एक ही

समय, एक ही स्थान में, एक ही रूप में साथ रख सकता है।

–मनुष्य चेतना जीवन की प्राण-वायु है। प्राण-वायु है कहीं इसलिए जीवन शेष है। जीवन को कोई अशेष होने देगा? नहीं, अपनी समस्त पराकाष्ठा के भीतर तो नहीं। जब वह छूट जाए तो बंधी हुई मुट्ठी खुल जाती है। खुल गया जो वह निस्तेज है, बंद है जब तक वह सचेतन है।

❑

–मित्र, पहेलियां नहीं बुझा रहा मैं। मैं निरूपण कर रहा हूं सत्य का। सत्य कभी परिभाषित नहीं हो सकता है।

–सनातन है जो वही तो सत्य है। सनातनता की परिभाषा किसी ने की है!

❑

–आज बस इतना ही। समझ के द्वार खोले रखिए : अंधकार के लिए और प्रकाश के लिए भी।

–स्वीकार कीजिए समझ की शक्ति इन दोनों से ऊपर है।

–तब?

–तब, सुबह कल हुई थी।

–सुबह आज हुई थी।

–सुबह कल भी होगी।

–सुबह आज और कल के ऊपर एक कालजयी रचना है। बीते हुए कल को भूलने और आने वाले कल को समझने की सामर्थ्य तुम्हें जुटानी होगी।

–जुटाइए वह सामर्थ्य

–कीजिए स्वागत आगत का : स्वर्ण किरण-सी यह रोशनी डायरी के पन्नों से निकली नए वर्ष की पहचान है!

–स्वागत है, नए वर्ष!

–श्रद्धा-शब्द ले जाओ हे व्यतीत! जीने दो हमें : व्यतीत के खंडहरों में अचानक उभर आए इन सनातन-स्रोतों के साथ।

–अभ्यागत का स्वागत करना हमारा जीवन-धर्म है।

❑

–नमन तुम्हें!

–प्रणाम तुम्हें!

–जीवनदायी बनकर आओ हे नये मेहमान!

–विनत हैं हम नव वर्ष के नव-विधान के लिए।

विदा के क्षण

–विदेश से लौटते हुए विवेकानंद अपने प्रशंसकों से घिरे थे। उन्होंने पूछा, 'आप सब यहां किसलिए आए हैं?' उत्तर भी लेते आए। उन्होंने कहा, 'मैं अकेला गया था, अपने साथ पूरा भारत लेकर लौटा हूं। यह सब आपकी विदा-बेला का प्रताप है।'

–विदा के क्षण आत्म-प्रवंचनाओं में डूबे होते हैं। उसके माथे पर करुणा का तिलक और जूड़े में प्यार का फूल लगा होता है। अलग होना टूटना है, जिसके बाद संन्यासी की तरह एक निर्मम याद के सिवा कुछ नहीं रह जाता।

–नशीली सर्पिणी की तरह उभरे हुए क्षण यादों में बदल जाते हैं।

–विदा के साथ एक टूटता है, दूसरा जुड़ता है।

–कण्व ऋषि के आश्रम से शकुन्तला को दी गई विदाई में सर्जनाओं के स्वर थे।

–अंतिम दर्शन के लिए रखा हुआ शव अपने ऊपर वर्जनाओं की चादर लपेटे विदा के लिए तैयार पड़ा रहता है।

–जाने वाला प्रेमी समर्पण की समस्त उपलब्धियों को अपने चिंतन-प्रकोष्ठ में कैद कर लेता है। जो पीछे छूट जाते हैं, उनकी आंखें ओस से नम हो जाती हैं और उस ताप की प्रतीक्षा करती हैं, तो उन्हें स्याहीसोख-सा पी जाता है।

–इसलिए विदा के क्षण ओस में डूबे होते हैं।

–श्मशान-वैराग्य की तरह विदा-वैराग्य में भी अनास्थाओं और अनस्तित्व का एक कैनवास बनता है।

❑

–विरह की पीड़ा बिच्छुओं के डंक की तरह तीखी होती है।

–शीशे की तरह प्यार को भी चटक जाने का भय होता है।

–टूटी हुई अभिव्यक्तियां परम्पराओं का मोह नहीं छोड़ सकतीं, वह किस व्यवहार शास्त्र में लिखा है?

–आदमी सबसे बड़ा होते हुए भी समय और स्थितियों के हाथ बिका हुआ एक विवश कथानक है।

❑

–विदा एक दर्पण है, विदा एक्स-रे मशीन में लिया गया एक नग्न चित्र है।

–आदमी के बीच के प्यार और घृणा की तस्वीर उसी में देखी जाती है।

–विदा दो समूहों की विभाजन-रेखा है। यह रेखा हमेशा वैसी ही विभक्त रह सकती है और उससे गहरी जुड़ भी सकती है।

–इसलिए यह संघर्ष का अनमोल क्षण है। समर्पण की उपलब्धियों का निर्णायक केंद-बिंदु है।

–महाकवि टेनीसन ने लिखा था, 'अपनी महायात्रा को स्मारकों में बांधकर विदा के दीर्घ क्षणों को मैं छोटा नहीं करना चाहता। मैं चाहता हूं, स्मृतियों में जीता रहूं और वही मेरा वास्तविक स्मारक होना चाहिए।'

–स्मृतियों में ही जिंदगी की धड़कनें करवटें लेती हैं। जिस दिन उसका अहसास टूट जाता है, अपनी ही वर्जनाओं का वह शिकार बनता है।

–यादें मुट्ठियों में बंद नहीं की जा सकतीं, उनका स्रोत मन की शिराओं के एक कोने में एक घाव की तरह होता है। इसलिए यादें रिसती हैं और आंखों के रास्ते वे बाहर बहती हैं।

–अलगाव के क्षणों में घाव और गहरा हो जाता है, शायद इसलिए रोकने पर भी आंसू नहीं रुकते।

–मन के भीतर से तभी बोल उठते हैं, 'विदा की बात मत करना।'

–गिनी जाने वाली जिंदगी अभी अंगड़ाई लेकर उठी है, उसके अवगुंठन आज भी शरमाए हुए आंचल से बाहर नहीं आ पाए, अभी तो जाना-पहचाना भी नहीं है, फिर...फिर ये क्षण कहां से आ गए?

❑

–विदा एक महायात्रा है : वह फिर जोड़ भी सकती है और काल-यात्रा को खंडित भी कर सकती है।

–इसलिए यदि विवेकानंद ने कहा था, 'मैं अकेला गया था और अपने साथ सारा भारत लेकर लौटा हूं', तो बुद्ध ने कहा था, 'मेरे महाप्रयाण का अंतिम वक्त आ गया, मेरी विदाई की तैयारी करो!'

–एक लौटता है, एक खो जाता है, एक में प्यार की चिरंतनता का रक्त है तो दूसरे में अलगाव का पीलापन–दोनों विदा के मूल स्रोत से उपकृत हुए हैं।

–हम नहीं जानते कब, कौन-सी विदाई हमें मिलती है। यह न जानना ही तो सब-कुछ जानना है, क्योंकि जानने के बाद हमारे पास फिर बच ही क्या जाता है!

दस्तक

खिलता प्रेम पुरुष

–प्रेमी आया। उसने अपनी प्रेयसी के द्वार पर दस्तक दी।
–'कौन है?' पूछा किसी ने।
–उत्तर, 'मैं!'
–'मैं कौन?'
–'ओफ! मेरी आवाज भी नहीं पहचानती तू!'
–दरवाजा नहीं खुला। सिर पीटता रहा वह, नहीं खुला दरवाजा। वह चला गया। तिरस्कृत और भयाक्रांत। सोचा उसने, अंतिम बार कल फिर देखूंगा। वह पहुंचा। उसने उसी तरह दस्तक दी। उत्तर फिर आया, 'कौन?'
–जोर से उसने अट्टहास किया, 'बस, ठीक है। मैं ठीक जगह हूं। तू वही है। वही है तू।' दरवाजा खुल गया।
–एक महाकवि की कविता है यह। प्रश्न उठा, दरवाजा क्यों खुला? 'वही है तू' इसी ने दरवाजा खुलवाया। वही, वह कौन है?
–महाकवि कहते हैं, 'कौन तो हर कोई पूछता है, पूछने वाला जब कहता है–तू ही है वह, बस, तू ही, नहीं हो सकता कोई और–तो प्रेम में द्वंद्व की स्थिति समाप्त हो जाती है।'
–प्रेम का सत्य एकाकार होने में है। अलग होने से दीवार का सीमेंट और मजबूत हो जाता है, तब स्वर नहीं पहुंच पाते। द्वैत से अद्वैत होने पर सीमेंट पिघलने लगता है। स्वर साफ हो जाते हैं और दरवाजा अपने-आप खुल जाता है।

❑

–उस महाकवि ने प्रेम का तत्त्व समझ लिया था इसलिए संदेश दिया कबीर की भांति कि 'प्रेम गली अति सांकरी तामें दो न समाहि।' दो का एकाकार होना प्रेम की दस्तक का स्वरमय हो जाना है।
–'प्रेम करो और प्रेम लो' सत्य नहीं है क्या? प्रेम नहीं करोगे तो प्रेम कहां मिलेगा। वृक्ष में पत्थर मारने से फल नहीं मिलता, फल मिलता है प्यार से वृक्ष की डाल हिलाने से। किसी को हिलाकर देख लीजिए, पका हुआ प्रेम फल हथेलियों में होगा। इसलिए संभवतः कहा गया है, जैसा बोओगे, वैसा काटोगे।

करील के बीज डालकर गुलाब के पौधे की कल्पना भ्रम नहीं, पागलपन है।
–प्रेम सत्य का वह द्वार है जो मात्र समर्पण में विश्वास करता है। समर्पण अपने 'स्व' को आहूत करता है और सम्यक् इकाई के भीतर प्रेत की तरह प्रवेश कर द्वैत को अद्वैत में बदल देता है। इसी स्थिति से बीज-रूपी आकांक्षा के सोच-अंकुर फोड़ते हैं, पल्लवित होते हैं और फिर वृक्ष बनकर पुष्पित होते हैं।
–प्रेम-पुष्पों की सुगंध सर्वव्यापी नहीं होती।
–प्रेम-पुष्पों की सुगंध केवल दो प्रेमियों तक पहुंचती है। समझने के लिए मनुष्य जाति को यही मान लेना पर्याप्त है कि गंध या सुगंध मात्र पुरुष और स्त्री की संपत्ति नहीं है, वह हर जीवित प्राणी के नर और मादा होने का पर्याय है।
–प्रेम की परिभाषा में न कंठ होता, न स्वर होते और न दृष्टि होती, तो क्या प्रेम अंधा होता है? नहीं, यह भी सत्य नहीं है। सत्य तो यह है कि पहचान के लिए मात्र पदचाप पर्याप्त है, उसे न स्वर चाहिए, न नासा के सूक्ष्मतम अभिषेक चाहिए, न नेत्र और न संकेत।
–प्रेम की परिभाषा हो, तभी तो ये सब प्रश्न उठते हैं।
–प्रेम कब, क्या, कैसे और क्या चाहता है, आज तक कोई पता नहीं लगा सका।
–ईश्वर की सत्ता की कल्पना की जा सकती है, प्रेम की सत्ता अकल्पनीय है। अस्वीकार हो तो उत्तर मुझे चाहिए : रूप-कुरूप, अंधे-बहरे-लंगड़े, भैंगे-काने, छोटे-बड़े, ऊंच-नीच, सत्य-असत्य कितने विशेषण हैं और भी, इनमें एकाकार कैसे हुआ, कब हुआ, क्यों हुआ?
–सत्य को स्वीकारना होगा : प्रेम के प्रांगण में सभी कुछ सम्यक् है, सत्य भी और उतना ही उदार असत्य भी।
–प्रेम का प्रांगण गाय के गोबर से लीपा गया है। उसे आधुनिक कीटनाशकों की आवश्यकता नहीं है।
–प्रेम कुछ भी सुनना नहीं चाहता।
–प्रेम कुछ भी सोचना नहीं चाहता।
–प्रेम का आधार न प्रकाश है और न प्रेम का आधार अंधकार है। प्रेम का आधार बस प्रेम है।
–प्रेमी अपने समर्पण से दूसरे को बचा लेता है। इस प्रक्रिया में वह अद्वैत हो जाता है।
–अद्वैत का होना ही प्रेम का स्फुरण नहीं, प्रेम का साक्षात अध्यात्म है।
–सच पूछिए तो प्रेम उत्सव का द्वार है।
–प्रेम द्वार तो है ही, उत्सव का आकार भी है।
–मंत्र-शक्ति में एक विलक्षणता है। सभी मंत्र 'आ-कार' से आरंभ होते हैं। यहीं आ-कार का आरंभ प्रेम का समूचा आकार बोध है।
–आ-कार बोध के अनंत प्रेम का समूचा आकार बोध है।

–आ-कार बोध की अनंत सत्ता होती है : पृथ्वी, वायु, आकाश और जल इस सत्ता के बीज मंत्र हैं। प्रेम की सत्ता इन चारों बीज मंत्रों को एकाकार कर देती है और एक स्वर बनता है–ओम!

–चौंकिए नहीं, 'ओम' प्रेम की अनंत-सत्ता का अंतिम चरम-बिंदु है। इसके बाद न प्रश्न रह जाते हैं, न अर्थ, न जिज्ञासा और न ज्ञान-चक्षु।

–समवेत, सम्मिलन का अंतिम केंद्र तब मात्र प्रेम बन जाता है। यही प्रेम जीवन और जगत का स्वामी है। यही प्रेम मनुष्य की धमनियों में प्रवाहित रक्त-शिराएं हैं।

–प्रेम आनंद है।

–प्रेम उत्सव है।

–प्रेम आकार है।

–प्रेम निराकार है।

–प्रेम उड़ता हुआ पंछी है।

–प्रेम उभरता हुआ ज्वार है।

–प्रेम थमता हुआ भाटा है।

–प्रेम ध्यान है, प्रेम ज्ञान है, प्रेम अध्यात्म है और वही प्रेम ईश्वरीय शक्ति है जिसके शक्तिमान तत्त्व से समस्त जीवित संसार संचालित होता है।

–प्रेम अनुभूति है तो प्रेम सहानुभूति भी है।

❑

–मैं विस्तृत व्याख्या में नहीं जाऊंगा : कहा जाता है प्रेम लौकिक तो होता ही है, वह पारलौकिक भी है। परलोक की बात सोचना-नासमझ और गूढ़ तत्त्वों के लिए शोध का विषय समय बिताने के लिए हो सकता है।

–सत्य एक है। सत्य कभी द्वैत नहीं होता। राधा-कृष्ण का सत्य भले ही प्रतिमान बन गया हो, परंतु वही सत्य विश्व-कथाओं का आधार केंद्र ही नहीं, उपमाओं का द्वार है।

–सत्य में यदि एकात्मता है तो प्रेम भी एकात्म होगा। प्रेम के द्वार पर यदि दस्तक दी है तो 'मैं' से ऊपर उठना होगा, उसे 'हम' के धरातल पर लाना होगा।

–दरवाजा खुलवाना है तो मात्र 'तू' से ही वह खुलेगा, एक ही चाबी है प्रेम की, बस एक!

–प्रेम की चाबी को कोई चुरा नहीं सकता, निश्चिंत रहिए, निश्चिंत सोइए और निश्चिंत चिंतन कीजिए।

–प्रेम-पुष्प सदाबहार है, सदाबहार को नगण्य समझकर उपेक्षा करना आत्महंता होगा।

मंदबुद्धि दीप

—एक जिज्ञासा है : 'आधुनिकता के संदर्भ में एक मंदबुद्धि दीप का भी कोई महत्त्व है?'

❑

—आधुनिकता चिरंतन सत्य नहीं है और न ही उसके पास एक समान दृष्टि है। वह स्थान, समय और स्थितियों के हाथ घूमता हुआ पवनचक्र है।

—'आधुनिकता का रस' एक ही देश अथवा महादेश के विभिन्न भावखंडों में अलग-अलग स्वाद देता है।

—यदि यह कहा जाए कि 'प्रकाश की कोई गति नहीं होती, गतिवान मन है, वही प्रकाश को नापता है' तो दो आधुनिक संस्कृतियों में टकराहट निश्चित है।

—ठीक वैसे ही जैसे जगत मिथ्या नहीं है, न ही वह असार है, न खोखला है और न शून्यमान है। (इसके बावजूद चार्वाक कह गए हैं कि सब व्यर्थ और मिथ्या है।)

—सागर का पानी खारा है, लेकिन बेकार नहीं है। यदि सारे महासागर सूख जाएं तो समूची धरती जल उठेगी।

—सूअर कीचड़ पसंद करता है, कीट गोबर में रहता है, दोनों के लिए ये सारहीन नहीं हैं।

—दृश्य जगत ही सत्य है, यह एक अविवेक है। वह सत्य होता तो आज भी जगत की खोज और उपलब्धियों का सिलसिला निरंतर प्राणवान नहीं रह सकता था।

❑

—आधुनिकता के साथ विवाद है : 'आदमी' या 'मशीन'। यह स्थिति उपनिषद्कालीन दृष्टि-संपन्न प्रणेताओं को ज्ञात थी, इसलिए उन्होंने कहा, 'अंधेन तमसावृत्ता:' अर्थात् अंधकार में किसी को कुछ नहीं सूझता, अंधे के समान जो हाथ लगे, वही पकड़ लेता है।

—अंधकार भी वही नहीं है जो दृश्य है। दृश्य प्रकाश में भी अंधकार होता है और एक अंधे के पास भी तीव्र दृष्टि होती है।

–दीप वही नहीं जो मिट्टी से बना है और गंदे तेल से जलता है।

–दीप एक द्वीप भी है, जिसकी ओर हर आधुनिकता की दृष्टि लगी है। महासागर की अंगड़ाइयों के बीच कभी कोई द्वीप उभरा नहीं कि उस पर लोलुप दृष्टियां चढ़ जाती हैं।

–अथाह जल से जहाज का मार्गदर्शक सागर-द्वीप है।

–बहुत ऊंचाई में उड़ते हुए विमानों को अंधकार में सम्यक् मार्ग का संकेत शहरों के झिलमिलाते बिखरे हुए दीप ही देते हैं।

–चारों ओर तारों की चादर में आवृत्त विमान ध्रुवतारे की खोज में लगा रहता है।

–आदमी का परेशान मन जब आत्महंता की स्थिति में उतर आता है, तब भी आश्वासन का एक नन्हा-सा तिनका उसके सारे मनोबल को हिला देता है।

–'कल' की कल्पना सूर्य और सहस्त्र दीपों से अधिक प्रबल है।

–ज्ञान की एक लघु-ज्योति इस तथ्य के ऊपर है कि बुद्धि पैर है और विद्या पैर की जूती है।

–ज्ञानी जानता है : मानव-विकास का केंद्र मस्तिष्क है। मस्तिष्क अनंत-अपार क्षितिज है, जिसमें अनगनित दीपों का प्रकाश जन्म लेता है और मिटता है।

–उसकी ऊर्जा-शक्ति ने मशीनी दुनिया को जन्म दिया और पहले आदमी को अकिंचन बनाकर नीचे खड़ा कर दिया, फिर मशीनों में जंग लगाकर आदमी को आवाज दी--'तुम्हारे बिना हमारी दुनिया अर्थहीन है, तुम्हारे हाथ का स्पर्श हमें चाहिए।'

❑

–सारी परिभाषाएं और संज्ञाएं बदलती रहेंगी, माध्यम हमेशा आदमी रहेगा।

–आदमी का अर्थ आदमियों से नहीं है। बहुवचन होते ही वह भेड़ों का झुंड बन जाता है।

–सत्य, ज्ञान, कर्म, विज्ञान, गति-प्रगति सब 'आदमी' की देन है।

–आदमी से बड़ा दीप या द्वीप दूसरा नहीं है। यदि वह 'मंदबुद्धि' भी है तो वही सारी समताओं और आधुनिकताओं का प्रतीक है।

उत्तर तो देते जाओ

–शाम देर से वह मेरे पास आया। परेशान, विभ्रम और उखड़ा हुआ। आने का कारण मैंने पूछा, 'बिना किसी सूचना के कैसे?'

–आप मिलेंगे और अपरिचित को भी संबल देंगे, यह विश्वास था।

–विश्वास है, मुझे संतोष मिला।

–विश्वास के बल पर वह आया है, एक मजबूत संकेत है मेरे लिए।

–विश्वास के बल पर आए हो यानी तुममें आस्था है। बोलो, परेशानी क्या है? मैं विश्वासी पर विश्वास करता हूं, आस्था में प्रबल निकटता देखता हूं।

–महोदय, परेशान हूं। मन भटका है, कहीं मन नहीं लगता। जो था सो चला गया, जानता नहीं क्या करूं?

–आश्वस्त किया मैंने उसे। कहा, विश्वास तो है न? वर्तमान और भविष्य को जानते हो? सत्य क्या है, मिथ्या क्या? सम्यक् होना और असंतुलित होने की पहचान यदि शेष है तो...! बैठो, बाकी भूल जाओ।

–वह बैठ गया सोफे पर। 'नहीं', मैंने कहा, 'धरती पर बैठो, इस फर्श पर बैठो। ज्ञान का केंद्र धरती है, त्रिशंकु कौन बनना चाहेगा?'

❑

–समर्पित वह सम्यक् था।

–विश्वास में अपरिमित शक्ति होती है। आस्था, विश्वास का निजी निवास है।

–आस्था डोलने लगे तो ठहरो, पहचानो, सत्य को जानो।

–सत्य की पहचान साधना से होती है।

–साधना का मूलभूत अर्थ है : सत्य की प्राप्ति। सत्य की प्राप्ति से ही असत्य से बचा जा सकता है।

–साधना में असीम बल है।

–साधना खंड-विखंड नहीं है।

–साधना समग्र जीवन है। साधना जीवनी-शक्ति है, साधना जीवनधारा है। साधना जीवनप्रवाह है।

❑

–साधना का साध्य है ध्यान।

–ध्यान यानी स्थितिप्रज्ञ होना।

–स्थितिप्रज्ञ पहचान से आती है। परिचय उसकी अमरवाणी है, सत्य की अनुभूति है।

–स्थितिप्रज्ञ होने के लिए मात्र एक ही सत्य है :

- सत्य है वर्तमान की पहचान।
- सत्य है वर्तमान की बीच अपनी पहचान।
- सत्य है, सत्य के बीच भविष्य की पहचान।
- सत्य की पहचान और संतुलन का केंद्रीकरण ध्रुव है–योग।

–योग मात्र साधना नहीं है। योग मात्र अपने को समेटना नहीं है। योग मात्र ध्यान केंद्र नहीं है।

–योग का संबंध ध्यान से है।

–ध्यान करोगे तो ध्यानस्थित होकर योग को पा सकोगे।

–योग को पाने का अर्थ है अपने–आपमें, अपने व्यक्तित्व में, अपनी चेतना में, अपने कार्यों में और अपने निर्णयों में व्यवस्थित होना।

–व्यवस्था ही मूलाधार है। नींव मजबूत होगी तो चिंतन और चेतना की दीवारों को बल मिलेगा। मंजिलों की वे आधारशिलाएं हैं इसलिए ऊंचाई की चिंता व्यर्थ है।

–उठिए, उठिए और ऊपर उठिए, मंजिलों पर मंजिल बनाते रहिए, धरती हिलेगी, इमारत नहीं हिलेगी।

–योग और ध्यान से बनी मजबूत इमारत तो और ठोस होती है।

–ठोस सभी कुछ होगा क्योंकि जो योग को जान गया है, उसने अपने को पहचान लिया है।

–योग को जिसने पहचाना है, उसने महासागर, अंतरिक्ष और अंतरिक्ष से परे की सार्थकता अथवा निरर्थकता को समझ लिया है।

–समझ के द्वार जिस दिन खुल गए, सोचने को कुछ नहीं रह जाता। सोच संचालित प्रक्रिया की तरह हमेशा उपलब्ध रहेगी।

❑

–सोच का संचयन मनुष्य के अहं को समाप्त करता है।

–सोच की सिद्धि क्रोध को नकारती है। क्रोध के नकारने में मूढ़ भाव नष्ट होते हैं, स्मृतिभ्रम से बचा जा सकता है, बौद्धिकता मुट्ठियों में आबद्ध होती है और तब मनुष्य संपूर्णता को प्राप्त करता हुआ अपने पौरुष के बल पर शक्ति के नए द्वार खोलता है।

–शक्ति के नए द्वार ही तो शक्तिवान की क्षमता हैं।

–शक्तिवान सामर्थ्य का सदाचारी बन जाता है : कुछ भी असंभव नहीं है उसके लिए।

–ज्ञान–विज्ञान के सभी द्वार शक्ति–संपन्न मनुष्य की उपज हैं। उसी ने कंप्यूटर बनाए, उसी ने रोबोट भी।

संस्कार :
आदमी की पहचान

–निर्माता को तब ध्यान रखना होगा कि वह अपने निर्माण के हाथों बिक तो नहीं गया। ऐसा तो नहीं है कि उसने अपनी आत्मबुद्धि और आस्था बेच दी हो। समझ की दीवारों पर विंध्याचल की घास उग आई है और वह अपने निर्मित अवयवों के बिना अपने को ही बौना पाता है।

–मनुष्य का सत्य है भगीरथ बनना, नदी का सत्य है भागीरथी बनकर स्वीकारना। साधना और ध्यान के ये दो बिंदु मिल जाएं तो सफलता निश्चित है।

–ऐसी समझ न आने दीजिए जहां होते हैं, अपने को वहां न पाएं। ऐसा न होने दें कि समझ के द्वार की चाबी किसी और के हाथों में हो।

–कई बार विभ्रम होता है, हम वहां नहीं जहां होते हैं, हम कहीं और होते हैं। अकेले होकर भी हम बाजार में भटकते हैं और बाजारू भीड़ में होकर भी हम अकेले होते हैं।

–भटकाने वाले मन की चंचलता से उभरते हुए अपने को सम्यक् तरीके से स्थितिप्रज्ञ बनाना होगा।

–स्थितिप्रज्ञ ही तो योगी है।

–वास्तविक योगी वही है जो योग और ध्यान को केंद्रित कर न केवल उन्हें वश में कर लेता है, वरन् वह नए प्रतिमान भी प्रतिष्ठित करता है।

❑

–योगी को असंसारी होना आवश्यक नहीं है। भोग स्वयं योग की आरंभिक पाठशाला है। भोग की चरम-सीमा योग का चरम सत्य है।

–योग का सत्य ध्यान का आधार बिंदु रहा है, ध्यानातीत व्यक्ति को साधना का सत्य उपलब्ध हो जाता है।

–मेरे अतिथि, कार्य और कारणों से ऊपर उठकर अवस्थित करो अपने को, अपने अहम् से परे। अहम् का त्याग सारी प्रक्रियाओं के बाद ध्यान में केंद्रित हो गया तो समस्याएं कहां रहेंगी? सभी समस्याओं का समाधान सामने है।

–विश्व एक विशाल तत्त्व द्रव्य है। इस विशाल द्रव्य में अपने को स्थितिप्रज्ञ कर केंद्रित करने के सभी साधन उपलब्ध हैं। इन साधनों के बीच न भटकाव है, न अचेतना है, न प्रश्न हैं और प्रश्न नहीं हैं तो उत्तर भी कहां, समाधान भी कहां।

–बहुत सारी समस्याएं लेकर आए थे मेरे द्वार, हे अतिथि तेरा सत्कार, उत्तर मैं नहीं दूंगा। मुझे तुम उत्तर दे जाओ, तुम अब कहां हो?

सब-कुछ व्यर्थ

–पेरिस की ढलती हुई धूप और चर्चाओं का सिलसिला। प्रसिद्ध दार्शनिक और विचारक ज्यां पॉल सार्त्र का मेरे लिए अंतिम संबोधन था, 'समृद्धि मात्र एक अनुभूति है...और फिर वैसे भी सब-कुछ व्यर्थ करने से क्या फायदा!'

–सार्त्र का अंतिम अंश मेरे मन में एक विचार छोड़ गया, यह 'सब-कुछ' क्या है?

❑

–आदमी हमेशा दो दुनियाओं में रहता है : एक वह जो उसे जन्म से मिली है, दूसरी जो उसने स्वयं बनाई है।

–दूसरी दुनिया महत्त्वपूर्ण है, वही विकास का केंद्र है। उसी ने संगीत, कला, विज्ञान, धर्म और अर्थ को जन्म दिया है।

–खेलते रहना आदमी का धर्म है। अपनी प्रौढ़ और चेतन अवस्था में भी वह जैसे माटी के लोंदे से खेल करता रहता है। उसे बनाता है, मिटाता है और फिर बनाता है। दूसरी दुनिया का यह खेल सौंदर्य और विनाश दोनों को एक साथ जन्म दे सकता है।

–वास्तव में दूसरी दुनिया एक दीवार है।

–उसी से आदमी आत्मरक्षा करता है और अपने को प्रकट कर मिटाता भी है।

–प्रकट करना और मिटाना–विचित्र-सा लग सकता है यह, लेकिन सत्य विचित्र ही होता है, क्योंकि सत्य दोहराया नहीं जा सकता, वह भाष्य, व्याख्या और संहिताओं के परे है।

–एक बार संत पॉल बोलते-बोलते रुक गए थे। उनके मौन की प्रतिध्वनि थी, 'केवल आत्मा ही प्राण देती है, शब्द तो प्राण को लेने वाला है।'

–प्रकट करना 'शब्द' की वैशाखी से ही संभव है।

–शब्द-शक्ति की श्रेष्ठता सिद्ध हो चुकी है। शब्दों की आवृत्ति से सिद्धि मिलती है।

–सिद्धि का अर्थ है नियंत्रण।

–नियंत्रण का अर्थ है उपलब्धि।

–उपलब्धि संतोष है।
–संतोष शांति है।
–शांति तन और मन की एकाग्रता से जुड़ी है, इसलिए संयम है।
–संयम की सिद्धि सारी सिद्धियों से श्रेष्ठ है।
–उसमें उपलब्ध आत्मानुशासन किसी उच्च सत्ता का निर्देश नहीं है, वह स्व-अर्जित संरचना है।
–इसलिए वह प्रार्थनाओं और प्रार्थनाओं से उठने वाले स्वरों की मोहताज नहीं है।
–तब ईश्वर या ईश्वर-सार्थक-शक्ति का मूल्य नहीं रह जाता।
–हमारे भीतर हमेशा एक चिंतक और विचारक मेंढक की तरह बैठा रहता है।
–लेकिन आश्चर्य यह है कि हमारे विचार, हमारे विचारक से हमेशा अलग होते हैं। दोनों प्रतिद्वंद्वी हैं और सारे प्रयत्न दोनों को एकाकार करने के लिए हैं, क्योंकि इसमें संदेह नहीं, उच्च विचार एक सुरक्षा है।
–हमारे भीतर का विचारक तो सुरक्षित है ही, प्रयत्न अपनी सुरक्षा के लिए होते हैं।
–यहीं ज्यां पॉल सार्त्र का संकेत आकर ठहर जाता है, 'सब-कुछ व्यर्थ करने से क्या फायदा!'
–यह 'सब-कुछ' विचार और विचारक के आघातों से उद्भूत 'शब्द' है।
–शब्द ब्रह्म है और उसकी असीम अनंत शक्ति-क्षमता है।
–शब्द के माध्यम से होने वाली प्रार्थनाएं संस्कार को सुदृढ़ करती हैं और संस्कार ही आदमी की पहचान है।

❑

–मुझे सार्त्र से बल मिला है, अपनी वाणी को व्यर्थ क्यों किया जाए! वाणी या शब्द निजी उद्घोष है, जैसे प्रेम, प्रेम है, न वह वैयक्तिक है और न सार्वजनिक!
–प्रेम परिभाषाओं के परे है, शब्द और अर्थों की चेतना से निर्बंध है–वह आदमी को सार्थक कर सकता है और प्राण भी ले सकता है!

ध्यान का अथाह प्रकाश

–शाम को वह मेरे पास आया। आया तो परेशान था। चेहरा उतरा हुआ, थका-हारा-सा और चढ़ी हुई भौहें। आकर शांत बैठ गया।

–मैंने पूछा, 'बहुत दिनों बाद आए हो, परेशान क्यों हो?'

–'मन नहीं लगता, किसी चीज में मन नहीं लगता। चित्त उचाट है। जीने की इच्छा शांत हो रही है और...।'

–रोक दिया मैंने : समझ में आ गया था, प्रश्न क्या है? परेशानी क्या है?

❑

–मन नहीं लगता।

–चित्त भटकता है।

–मन और चित्त दोनों लगभग समानार्थी हैं–सीधी बात है : भटकन।

–भटकन जंगल के अज्ञात रास्तों की तरह है। रास्ता चलता है, चलता है और फिर अचानक या तो अवरुद्ध हो जाता है अथवा अंतर्ध्यान।

–हमारे समूचे शरीर की व्यथा मस्तिष्क के केंद्र में निहित है।

–मस्तिष्क से ही चित्त संचालित होता है, वह मन को सोचने की सीमा तक नहीं पहुंचने देता।

–चित्त की एकाग्रता के लिए हमारी संस्कृति में अनेक आयामों का उल्लेख है।

–सृष्टि के आरंभ में जब भी 'व्यक्ति' का प्रादुर्भाव हुआ, सबसे पहला अध्येता चित्त बना। वह अध्येता सबसे पहले हमले का शिकार हुआ।

–चित्त भटक गया तो शरीर की सम्यक् चेतना समाप्त हुईं।

–भटके चित्त में विवेक नहीं होता।

–यह स्थिति ऐसी ही है कि नाव तो सामने खड़ी है, केवट नहीं है, नदी पार कैसे की जाए?

–नदी अथाह गहरी है। नदी साफ नहीं है। नदी में बहता पानी विश्वास-शून्य है।

–पानी पर विश्वास नहीं किया जा सकता। पानी का कोई रंग नहीं होता। पानी में जो रंग मिला दो, वह रूप वह ले लेगा।

–अर्थ यह हुआ कि पानी में विवेक नहीं है।

–विचित्र है यह कि पानी हमारी जीवन-रेखा है। पानी के बिना जीवन नहीं है।
–पानी जीवन को स्थिर बनाकर गृह-स्वामी बनाता है। सभ्यताओं के विकास जलाशयों के तट पर ही हुए हैं।
–कहा जाता है कि 'पानी बिनु सब सून।'
–पानी नहीं है तो मनुष्य एक 'जंगली बोध तत्त्व' से अधिक नहीं है।
–इसलिए कहते हैं कि 'पानी राखिए, बिनु पानी सब सून।'
–पानी चला जाता है तो न मोती बनता और न आदमी को व्यक्तित्व मिलता।
–रंगहीन पानी सार्थकता के द्वार पर पहुंचकर जब रंग चढ़ा देता है तो वह अमृत बन जाता है।

❑

–विडंबना देखिए : पानी कभी सीधा नहीं बहता। वह स्वयं भटकता हुआ चलता है और दूसरों को भटकाता है।
–चित्त भी पानी है। मन भी पानी है। पानी आकार और रंगरहित है तो चित्त और मन भी वैसा ही निराकार है।
–एक निराकार अवयव हमारे समूचे शरीर को संचालित करता है।
–लेकिन थोड़ा ठहरिए भी : इसी निराकार तत्त्व से ही आकार बनता है। आकार बनाती हैं हमारी इंद्रियां। मनुष्य की बौद्धिक क्षमता पानी को आकार देने में सक्षम है। वही क्षमता चित्त को भोजन हेतु परोसे गए पत्तल की तरह बेबस बना सकती है।
–बार-बार कहा है : ध्यान। आखिर यह ध्यान क्या है?
–ध्यान एक केंद्र-बिंदु पर टिक जाए तो समूचा परिवेश शून्य हो जाता है। तब केंद्र-बिंदु सार्थक संज्ञा के रूप में उभरता है। वह मनुष्य की सारी भटकन को कचरे की तरह छोड़ देता है।
–किसी तत्त्व से यदि कचरा हट जाए तो पारदर्शिता उभरती है।
–पारदर्शी दृष्टि वह सब देख लेती है, जो सामान्य रूप में नहीं देखा जा सकता।
–मनोयोग के लिए ध्यान को मूलतत्त्व माना गया है। मूलतत्त्व का वशीभूत होना ज्ञान की सिद्धि है।
–ज्ञान सिद्ध हो जाए तो शेष क्या रहता है। ज्ञान ही तो विवेक है। विवेक छल-कपट से दूर स्पष्टता का बोध कराता है।
–सही ज्ञान का बोध हो जाए तो कोई भी अवयव साक्षात् बुद्ध बन सकता है।
–बुद्ध का जो भी अर्थ हो, एक अर्थ तो है : अपनी क्षमताओं के दायरों को पहचानते हुए विवेक को इतना वशीभूत कर-लो कि वह मुट्ठियों में बंद हो जाए।
–ऐसे विवेकशील व्यक्ति के लिए और किसी ज्ञान की आवश्यकता नहीं होती।
–ज्ञान उसे चाहिए जिसका पात्र अधूरा है। भरा हुआ है जो, उसे कौन, क्या दे सकता है!

–भरा हुआ पात्र यदि ज्ञानतत्त्व से आच्छादित है तो उसमें और कुछ नहीं डाला जा सकता।

–बुद्ध की बौद्धिक चेतना ध्यान की चरम-सीमा रही है। मकड़ी के जाले की तरह यह चरम-सीमा चारों ओर फैली है। जाले में प्रवेश कीजिए और या तो उसे बांध लीजिए या स्वयं बंध जाइए।

–मकड़ी का जाला अमरबेल का समकक्षी है। अमरबेल को पहचान लिया तो सिद्धि निश्चित है।

–सिद्धि ध्यान से ही मिलती है क्योंकि ध्यान ही पहचान देता है। पहचान यानी विवेक!

❑

–विवेकहीनता ही भटकन है।

–भटकन से बुद्धि भ्रम होता है

–बुद्धि भ्रम पतन का द्वार है, मृत्यु का आवास है।

–जीवित ही सभी बोध के भागीदार हैं। जीवन अशेष हो जाए तो सभी प्रश्न दलदल बनकर समाहित हो जाते हैं।

–मित्र, मन भटकता है, वह कहीं नहीं लगता–यही तो मूल प्रश्न है न?

–मन यदि लग जाए तो?

–मन का लगना चित्त की ज्योति है।

–भटकते हुए मन को पानी की तरह बहने दो। पानी बांध के पास आकर अपने-आप थम जाएगा।

–भ्रमर की तरह भटकते मन को सुख-दुःख, प्रेम-अप्रेम, ज्ञान-विज्ञान, चेतन-अवचेतन सभी धरातलों से बहने दो। कहीं-न-कहीं वह टकराएगा और बिना आवाज किए ध्यान लोक में समाहित होकर थम जाएगा।

–तब कोई प्रश्न शेष नहीं रहेगा।

–आज भटके मन और चित्त के खंडहरों से जूझते हुए आए हो, निर्देश मान लोगे तो निरभ्र वातायन-सा सभी साफ मिलेगा।

–देखो, मेरी ओर देखो!

–मेरी आंखों में देखो।

–मेरी आंखों में अपनी आंखें डालो।

–दोनों आंखों को एक-दूसरे के भीतर समाहित हो जाने दो।

–बस यहीं बोधिसत्व मिल गया।

–यहीं से जीने की अदम्य लालसा जागृत होगी।

–आंखों से प्रेम की प्रतीति कर किरणें निकलकर एक साथ समाहित हो जाएंगी और ...।

साक्ष्य-समिति के सामने

–'साक्ष्य-समिति' के एक सदस्य ने एक ही प्रश्न तीन प्रार्थियों से पूछा, 'दो और दो कितने होते हैं?'

–एक ने उत्तर दिया–चार। दूसरे ने कहा–बाईस। तीसरा संयत होकर बोला–वह चार भी हो सकता है, और बाईस भी।

–'साक्ष्य-समिति' ने तीसरे व्यक्ति का निर्विरोध चुनाव कर लिया। प्रश्नकर्ता का कहना था, 'पहला प्रार्थी इतना ईमानदार है कि आज की दुनिया के योग्य नहीं है। दूसरा धूर्त है, क्योंकि वह हर सहज बात में भी अर्थ ढूंढ़ने का आदी है। तीसरा संतुलित है, वह समय के साथ अपने विचारों को बना और बदल सकता है।

–प्रशासन के लिए ही नहीं, जीवन गति के लिए भी तीसरी स्थिति उपादेय है।

–बीसवीं सदी को एक विराट मशीनी खालीपन ने पूरी तरह जकड़ लिया है। इस शून्यता के लिए जागृत मानसिकता अनिवार्य है।

–रुग्ण मानसिकता समूचे तंत्र को कुटिल बना देती है और मनुष्य को पूर्ण स्वाधीन बनाने के रास्ते में यह एक विस्फोटक अंतर्विरोध है।

❑

–मनुष्य के निर्माण और संचालन का केंद्र बुद्धि है।

–मन और आत्मा की भाषा भी बुद्धि के 'मशीनी पटल' पर अंकित होकर बाहर आती है। इसलिए बुद्धि जब अपना संतुलन खो देती है, तब शब्द अर्थहीन और खोखले हो जाते हैं।

–मन की आंखों से देखी गई बिस्तर की सिलवटें और टूटे हुए बाल 'अनियंत्रित' बुद्धि के दरवाजे में पहुंचकर संज्ञाहीन हो जाते हैं। वास्तव में दिल की अपनी कोई भाषा नहीं होती, वह कवियों और शायरों का केवल एक कल्पना लोक है।

–इसलिए सही आदमी की पहचान उसकी मानसिकता से होती है।

–मस्तिष्क से बड़ी मशीन का अस्तित्व कल्पना से परे है। समूची भाव-विह्वलता

और संवेदनशीलता को जन्म मन से नहीं, मशीनी बुद्धि से मिलता है।

–मशीनी बुद्धि ने सरसों के पीले फूलों से सजी धरती को बेरहमी से पहले बंजर बनाया, फिर पत्थर और सीमेंट की खिड़कियां खड़ी कीं और उनसे झांककर मन के भीतर संतोष और विजय-गर्व का अनुभव किया।

–उसने गमलों में फूल उगा लिए और खेतों की सरसों और गमलों की रुग्णता के बीच की अंतर्रेखा को मिटा दिया।

–प्रशासन की क्षमता संवेदनशीलता में नहीं, बौद्धिक परिचेतना में निहित है।

–बौद्धिकता का संचालन करने वाली मशीन मकड़ी के एक जाले की तरह नाजुक है और वह सारी हलचलों को उसी तरह झेलती है जैसे एक प्राणवान तीव्रगामी मकड़ी की हर बेरहम गतिविधि को एक जाला झेलता है।

–प्रशासन यदि यह क्षमता पैदा न कर सके तो वह विच्छिन्न हो जाता है। इसलिए वह ऐसे व्यक्तियों की खोज करता है, जो दो और दो को सही संदर्भों में देख सकें।

❑

–एक ही वस्तु के दो अर्थ पैदा कर देना नैतिकता की सीमा में आता है।

–दार्शनिक रैशडैल का कहना है कि सच्ची नैतिकता वह है, जो हमारी अनुभूतियों से मेल खा जाए।

–सत्य यह कि मन और मस्तिष्क एक इकाई से जुड़े होकर भी परस्पर संघर्षरत रहते हैं। इसलिए अनुभूतियों का संपूर्ण मिलन कठिनाई से होता है।

–प्रमाण है हिटलर, नेपोलियन और जार जैसे तानाशाहों का अस्तित्व।

❑

–सृष्टि के आरंभ से ही स्वस्थ मानसिकता को जागरण और जीवन का संगीत माना गया है, क्योंकि ऐसा व्यक्ति ही निरपेक्ष नैतिक गरिमा से पूर्ण हो सकता है।

–निरपेक्ष नैतिकता वह है, जो इच्छाओं से परे स्वतंत्र रहकर अपनी सत्ता को पहचान सके।

–ऐसी पहचान के लिए संयत विवेक और विराट मानसिकता जरूरी है।

–इसकी तुलना यूं भी की जाती है कि बोला हुआ शब्द लिखे हुए शब्द से अलग होता है। बोले हुए शब्द का संस्कार मस्तिष्क से मिलता है।

❑

–इसलिए उस प्रार्थी का चुना जाना सम्यक् ही है जिसने बोले हुए शब्द को अर्थ दिया है, मन को परमसत्ता उद्घोषित करने वाले विवेक को पहचाना है।

–यही विवेक आज हमारे हाथ से कहीं छूट गया है और हम भटक गए हैं। शायद तब तक भटकते रहेंगे, जब तक 'साक्ष्य-समिति' में ऐसे किसी विवेकी व्यक्ति को सत्ता नहीं मिलती।

–बस, जाओ मेरे मित्र, तुम्हारे प्रश्न का उत्तर दे दिया।

–कल तुम फिर आओगे : सीधे, सहज, दिव्य चमकते भाल के साथ, आलिंगन करोगे और हमराही बनकर दूसरों के पथ-प्रदर्शक बनोगे।

–मनुष्य शरीर मूलतः एकाग्रता के अमिट शून्य के उपजे बीज से अवतरित हुआ है। पहचान लोगे इस सत्य को तो ध्यान के अथाह प्रकाश में अपने-आप पहुंच जाओगे।

भीड़ को देखने दो

–अंतिम छोर महासागर का, धरती जहां त्रिभुजाकार शांत-सौम्य और संयम मुद्रा में विशालता को सीमाबद्ध करती है। विशालता का सीमाबद्ध होना अचरज नहीं है! अचरज नहीं था, जब उसने इसी धरती के इसी छोर से छलांग भरी थी महासागर में : चिंतित, परेशान, लेकिन ज्ञानकोश के मर्म मस्तिष्क को संभाले हुए लौटे वे फिर। उसी छोर से खड़े होकर अपनी हथेलियों में समंदर को अभय वरदान देकर उन्होंने कहा :

उत्तिष्ठत, जाग्रत!

प्राप्य बरान्निबोधत।

–ये स्वर थे स्वामी विवेकानंद के : केंद्र कन्याकुमारी, पराजित था अपराजेय जलराशि का भंडार हिंद महासागर।

–जागो, उठो और अपनी मातृभूमि को वह सब दे दो, जो उसने दिया है। दिये को लौटाना! दिये को लौटाना जैसा असाध्य सुस्साहस एक सामान्य व्यक्ति ने किया और वह असामान्य बन गया।

❑

–सामान्य सभी कुछ होता है। सामान्य रूप से सभी कुछ चलता है। सामान्य हैं दिन, रात, धरती, पवन, जलराशि वातायन और स्वयं मनुष्य भी।

–विश्व के सभी सामान्य तत्त्व, कभी एक क्षण आता है, वे सब असामान्य बन जाते हैं।

–सामान्य से असामान्य बनने की प्रक्रिया जटिल भले ही दिखती हो, है नहीं। इसे समझने के लिए देखना होगा, निरंतर झंझावातों से संघर्ष करती उन तमाम शक्तियों को जो बढ़ती, घटती, हारती, जीतती, थकती, रुकती और फिर संभलती अपने मेरुदंड में सीधी खड़ी हो जाती हैं।

–मेरुदंड का खड़ा रहना शक्तिपूर्ण, आत्मिक पहचान का परिचायक है।

–यही मेरुदंड कमजोर को बल देता है। इसी मेरुदंड ने विवेकानंद नहीं सहस्त्रों ऊर्जाओं को बल दिया है।

–आवश्यकता है पहचान की। इसी की पहचान के बाद 'सामान्य' की प्रक्रिया समाप्त हो जाती है। असामान्य का अध्याय आरंभ होता है।

❑

–मनुष्य-जन्म सहज है, उसे अलग और विराटता तक पहुंचाना अपने-आपमें एक प्रक्रिया है।

–यह प्रक्रिया सामर्थ्य की पहचान के साथ शुरू होती है।

❑

–एक सामान्य दिन था वह भी। सुबह उठा तो आवाज सुनी एक भिखारी की :

'भगवान के नाम भाई,
धर्म के नाम भाई,
अपने नाम ये मेरे भाई,
दान दे दे ओ दाता!
भिखारी को।'
कुछ द्वार खुलते हैं, दान देते हैं,
फिर वे दरवाजा बंद कर लेते हैं।

–भिखारी मुस्कराता भी नहीं। वह अपने विवेक को निरर्थक नहीं होने देता। द्वार खुलते रहते हैं, वह न हंसता, न मुस्कराता, न दुआएं देता और न दुआएं लेता। जो देते हैं वे, जो नहीं देते वे, सभी सम्यक् हैं उसके लिए, फिर... फिर बंधु दान किसलिए दिया था उसे। पहचानना चाहते थे उसकी कमजोरी! भाई, तुमसे ज्यादा कमजोर और कौन है?

–दान दिया तुमने एक संज्ञा को कमजोर समझकर, वास्तव में कमजोर तुम थे, हीन तुम थे, भ्रष्ट तुम थे, शक्तिहीन तुम थे, तुमने सोचा दान देकर तुम सब वापस पा लोगे और सामर्थ्यवान बन जाओगे।

–पहचानो।

–पहचानो अपने को, सबसे कमजोर तुम स्वयं हो।

–तुमसे बलिष्ठ है वंह, जो तुम्हें एक क्षण के लिए हिला गया और छल गया।

–छला जाता है मात्र मनुष्य।

–अनेक रूपों में अनेक चेहरे सामने आते हैं और निरंतर मनुष्य को छलते जाते हैं। वह अपनी छलना का इतिहास अपनी आंखों से देखता रहता है, फिर भी संभलता नहीं और अपनी छलना के पालने को मजबूत रस्सियों से बांधकर आंख मूंदकर खींचता रहता है, उसके साथ खेलता रहता है।

–लेकिन क्या हर आदमी यूं ही छला जाता है। हर आदमी यूं ही भीख देता रहता है। अपनी बुद्धि क्या हर आदमी ने गिरवी रख दी है।

❑

–आदमी के बलिष्ठ होने की पहचान यहीं से आरंभ होती है।

–बलिष्ठ आदमी कभी, किसी को न भीख देता और न किसी से भीख मांगता।

–बलिष्ठ आदमी न चापलूसी करता और न चापलूसी चाहता।

–समझौते हैं ये सब। समझौते करें तो किससे? किससे समझौता करना चाहिए? समझ के द्वार का पहरुआ जानता है।

–पहचान लेता है जो वही तो अंधेरे में उजाले की शब्द-लकीरें छोड़ता है और मर्मभेदी स्वर में कहता है : जागो, उठो और अपने साथ चलो।

❑

–आदमी का साथ किसी ने नहीं दिया।

–इस विडंबना को पहचानना है तो गहराई से देखिए।

–कौन है वह जो कभी थकता नहीं? प्रश्न आसान है, उत्तर नहीं।

–सब थकते हैं : सब थकते हैं और सो जाते हैं :

- हां, सूरज सो जाता है चांदी की कटोरी में, डूबे चांद की बांहों में।
- आकाश कभी चला ही नहीं, बस भ्रम देता रहा है, तो सोएगा कहां?
- धरती अपनी धुरी में घूमती है यह उसकी स्वाभाविक रीति-नीति है, फिर सोएगी कहां।
- पवन झूलता है, चलता नहीं। चलता नहीं तो थकता नहीं।
- नदी अंधेरे में सो जाती है, प्रात: में उभर आती है।
- पेड़, पौधे, पर्वत पहाड़ सभी सोते हैं और जागते हैं। थकते हैं तभी तो सोते-जागते हैं।

❑

–बस, एक आदमी है जो जन्मते ही जागता है तो बस जागता है। चलता है तो बस चलता है।

–आदमी चलता है भीड़ में। आदमी चलता है समाधि में। आदमी चलता रहता है नितांत अकेले में भी।

–आदमी जब भीड़ में होता है, तब अकेला होता है, अकेला होता है तो भीड़ में होता है। एक जगह चलता है वह भीड़ से अपने को बचाने में, दूसरी ओर चलता है वह अकेलेपन में घेरते हुए अनंत चेहरों और आवाजों से सिमटने में।

–आदमी नींद में भी नहीं सोता।

–आदमी नींद में जागता है।

–आदमी मात्र ऐसा प्राणी है, जो कभी नहीं सोता।

–हां, वह सोता है।

–हां, आदमी सोता है जब उससे उसकी संज्ञा छूट जाती है और आदमी, आदमी नहीं रहता, वह मात्र एक 'शव' बन जाता है।

❑

–आदमी अथवा मनुष्यता की इस श्रेष्ठता को पहचान लें। सब कुछ संगीतमय और सुमधुर होगा।

–बौद्धिक क्षमता का यह अजेय प्राणी अपने ज्ञान को बेचकर जब अहंकार के मोह में फंसता है तो अनेक प्रश्नों के घेरों में आकर फंस जाता है।

–उपदेश का क्षण यही है।

–यही क्षण है जब सत्य की परिभाषाएं प्रस्तुत की जाती हैं। इसी क्षण असत्य का भय उपजता है।

–अज्ञान के अविवेक में उसे धर्म का पहाड़ा सिखाया जाता है।

–असत्य के बहाने उसे सत्य मार्ग का मर्म बताया जाता है।

–विवेचना की जाती है आचार संहिता की।

–सम्मेलन का अर्थ समझाया जाता है और समाधि के अमूल्य ज्ञान का बोध कराया जाता है।

❑

–कौन कराता है यह सब?

–कभी सोचा है, कौन कराता है?

–कराती हैं आदमी के भीतर बैठी और कुरेदती हुई वे शक्तियां जो विवेकहीनता के द्वार को दस्तक देती हैं।

–कराते हैं वे स्वार्थ के परायण जो सामान्य से असामान्य की प्रक्रिया में संघर्षरत हैं।

–चेतना जहां अचेतनता की बांहों में गिरवी हो जाती है, प्रश्नों के मायाजाल नहीं उभरते हैं।

–आदमी हो यदि, मनुष्य हो यदि, क्षमाशील हो, तो करो वह सब जो तुम्हारा अराध्य हो। करो वह सब जो तुम्हें रुचिकर लगे। करो वह सब जो तुम्हारे 'शव' बनने तक तुम्हारा सार्थक शब्द हो।

–पड़ो नहीं सीख-पाठ के मर्मज्ञ से लगने वाले क्षणों में या उन क्षणों के स्वरों में, जो तुम्हारी चेतना और भेदने की अपूर्व क्षमता को अपराजेय बनाते हैं।

–यही अपराजेय शब्द नाद कन्याकुमारी है, यही रामेश्वरम है और यही जीवन-मृत्यु के चिंतन को छोड़कर महासागर को पराजित देखने वाली धरती है।

–अपने को पहचानो, भीड़ को देखने दो। भीड़ का अस्तित्व देखने में ही है।

समय सापेक्ष है!

—पूर्णिमा की उजली, सफेद रात्रि!

—निस्तब्ध, सघन वन!

—एक यात्री ने दूसरे से पूछा, 'मित्र, आकाश में क्या है?'

—दूसरे ने सहज ढंग से उत्तर दिया, 'चांद, निर्मल और स्वच्छ चांद!'

—पहले यात्री ने जोर का अट्टहास किया। बहुत देर तक वह अट्टहास करता रहा। दूसरे यात्री ने परेशान होकर पूछा, 'आखिर तुम्हें क्या हो गया है? तुम पागल तो नहीं हो रहे हो?'

—पहला यात्री अचानक गंभीर हो उठा। बोला, 'तुममें और मुझमें यही अंतर है। तुम्हारा पेट भरा है, इसलिए तुम्हें आकाश में चांद दिखाई दे रहा है!'

—उसने जोर देकर कहा, 'चांद नहीं है आकाश में मेरे दोस्त! वह एक सफेद रोटी तैर रही है।'

❑

—दो यात्रियों की यह वार्ता समय के प्रवाह में बहते हुए आकर थम गई है।

—इसी को आधार मानकर सत्य और असत्य का निर्णय करना है।

—निर्णय का आधार समय और स्थितियां होती हैं। एक समय का सत्य, दूसरे ही क्षण असत्य बन जाता है। इसी तरह असत्य भी सत्य बन सकता है।

—बनने और न बनने की इस प्रक्रिया में ही आज का दर्शन छिपा है।

—एक बना हुआ राष्ट्र दूसरे बनते हुए 'राष्ट्र' को हीन दृष्टि से देखता है।

—बनता हुआ राष्ट्र बने हुए राष्ट्र को 'साम्राज्यवादी' होने की संज्ञा देता है।

—सत्य की दृष्टि दोनों के पास, दोनों के पास नहीं है!

—अर्थ हुआ कि सत्य और असत्य समय-सापेक्ष हैं।

❑

—वैज्ञानिक एडीसन का कहना है कि एक शब्द मुझे बहुत झूठा लगता है। वह है 'ठहराव'। ठहरी हुई कोई भी वस्तु नहीं है। सब चीजें गतिमान हो रही हैं! सब चीजें भागी जा रही हैं। सब बदलती जा रही हैं!

—तालाब में रुका हुआ पानी, पत्थर के बने मकान, तारकोल की सड़कें...! ठहरे रहने का कितना मिथ्या भ्रम है इनमें!

—रुका हुआ पानी सूरज निरंतर पी रहा है! पत्थर एक प्रक्रिया के चक्र में रेत

से बने थे और फिर रेत होने के लिए संकल्प-रत हैं! सड़कें रोज चलती हैं और घिसती रहती हैं!

–नदी ही केवल नदी नहीं है, आदमी भी एक नदी है। वह निरंतर बहता रहता है और नदी की तरह ही सुबह कुछ होता है, शाम को कुछ।

–अतः ठहराव कहीं नहीं है। सब-कुछ गतिमय है। इसलिए गति का विरोधी शब्द अ-गति नहीं हो सकता!

–ठीक वैसे ही जैसे नदी पर मकान नहीं बनाए जा सकते। कोई बनाने का उपक्रम करेगा भी तो वे प्रवाह में बह जाएंगे।

–बहती हुई जिंदगी को घर बनाने की कोशिश कितने लोगों ने नहीं की! किसी का घर ठहर नहीं सका!

–इसलिए कबीर ने टेर लगाई थी :

कबिरा खड़ा बाजार में,
लिए लुकाठी हाथ।
जो घर फूंके आपना
चलै हमारे साथ!

–घर तो फूंकना ही पड़ेगा? आप चलते रहने का अनुभव करें या अपने को ठहरे रहने के भुलावे में कैद रखें!

❑

–हम-सब एक 'दुर्घटना' की उपज हैं और दुर्घटना तक पहुंचने के लिए निश्चित कर दिए गए हैं।

–लेकिन इन दो दुर्घटनाओं के बीच का समय तो हमारा है, उसे हमें स्वयं निश्चित करना है!

–यही निश्चित करना चलते रहना है। इसी को तकनीकी संज्ञा में 'योजना' कहा जाता है!

❑

–राष्ट्र के संदर्भ में योजनाओं का महत्त्व है। अपने हाथ की जीवन-यात्रा को परिश्रम से सींचना है।

–योजनाएं सही होंगी तो 'बीच की अवधि' सार्थक और अनश्वर होगी।

–गलत योजनाएं सब-कुछ मिटा देती हैं–आदमी के पदचिह्न और राष्ट्र की चेतना।

–दुर्भाग्य से हम नदी के बहाव पर योजनाएं बनाने की आदी हो गए हैं।

–निष्कर्ष स्पष्ट है : चांद हमें दिखाई नहीं देता। वह तैरती हुई एक सफेद रोटी बन गया है!

–पहले यात्री का ज्ञानबोध मिथ्या तो नहीं है। दूसरा यात्री भी असत्य नहीं कहता। तब...?

–मैंने कहा था : सत्य और असत्य समय-सापेक्ष हैं!

मन का मैल

स्पर्श और सौंदर्य

❑

–मेरे स्पर्श से सौंदर्य जाग जाता है।

–'किसका?' मैंने पूछा।

–'किसका नहीं।' वे बोले, 'देखिए न, मेरी कृपा-अनुकंपा से न जाने आज कितने नव-धनाढ्य खड़े हैं।'

–मैं उनका अर्थ नहीं समझ पा रहा था। उनकी कृपा से अनेक नव-धनाढ्य खड़े हैं, मेरे विवेक के लिए चिंतन की यह एक लकीर थी।

–'देखिए न।' उन्होंने रुककर कहा, 'मैंने जिंदगी में कभी रिश्वत नहीं ली। कभी गलत काम नहीं किया...।'

–उठकर मैं अपने कमरे के शीशों को देखने लगा। वे मेरे पास आए, पूछा, 'क्या देख रहे हैं आप?'

–'नहीं, आप भी देखिए।'

–उन्होंने शीशों को देखना शुरू किया, 'अजीब म्लान हैं आपके शीशे।' फिर वे स्वयं आगे बढ़े, बोले, 'हां, यहां से शीशा ठीक दिख रहा है।'

–'जी हां।' मैं विनम्र था, 'वहां धूल की परत होगी, यहां साफ है। तो देखिए, यह दृष्टिभ्रम है, एक ओर शीशे पर परत है, दूसरी ओर वह स्वच्छ है, साफ है। मित्र, बुद्धि यूं ही नहीं भटकती। यह तुम्हारे कर्म की प्रतिच्छाया है। तुम दो विपरीत कर्मों में जीते रहे हो, इसलिए दो चेहरे देखते हो।'

–'आपका अर्थ?' तेजस्विता के स्वर।

–'जी, कुछ नहीं।' मैंने कहा, 'आप बता रहे थे, आपकी इंक्वायरी हो रही है।'

–'हां, देखिए न, मुझसे ज्यादा ईमानदार अफसर शायद ही कोई होगा। तब भी एक-दो नहीं, दस भ्रष्टाचार के आरोप हैं और...।'

❑

–मैंने उन्हें विदा करना ठीक समझा। उनकी समझ के द्वार यदि बंद हैं तो मैं खोल नहीं सकता।

–जो जितना भ्रष्ट होगा, उतनी ही ईमानदारी का पहाड़ा वह पढ़ेगा।

–सही ईमानदार के लिए किसी पहाड़े की आवश्यकता नहीं होती, न वह किसी से भय खाता। उसे शीशा हर जगह से एक ही तरह से नजर आएगा। धूल की हल्की-सी परत रेत भी शीशे को विद्रूप नहीं कर सकती और न ही उसे मैला कर सकती।

–मैला होता है आदमी का मन।

–जो जितना मैला होगा, उतनी ही स्वच्छता की बात करेगा। उतने ही प्रदूषण का नाम-जप लेगा। उतना ही भ्रमित होगा।

–ईमानदार के लिए सब-कुछ एक है।

–सत्य को बताना नहीं होता।

–असत्य बोलने वाला हर मिनट अपने वक्तव्य बदलेगा और सत्यता की दुहाई देगा।

–मैं कहता हूं इसलिए झूठ, भ्रम है। सत्य इसलिए बोलिए कि कभी भी, कोई भी, कुछ भी पूछ ले, सोचना नहीं पड़ेगा।

–असत्य की नींव पर खड़ी इमारत ढहकर रहेगी। समय और पारदर्शी सीमाओं से चाहे कितना भी बचाना चाहे, ध्वंस उसकी नियति है।

–सांच को आंच कहां! ईमान को रोशनी कहां! सच्चाई और ईमानदारी के सामने सब बौने हो जाते हैं।

–कभी लगता है, हम पराजित हो गए। नहीं, बहता हुआ पानी पत्थर से सिर पीटकर यही अनुभव करता है। सूर्य स्थिर है, गतिमान पृथ्वी दिन और रात्रि का भ्रम इसी तरह पालती है। सत्य तो यह है कि न पानी रुक सकता और न सूर्य कभी अदृश्य हो सकता।

–सूर्य को ग्रहण लगता है। किसे लगता है सोचिए तो? लगता है धरती को, चंद्रमा को, चांद-सितारों को, उनकी दृष्टि मंद होती है तो सहज ही कह देते हैं, 'सूर्य को ग्रहण लग गया।'

–तेजस्विता शब्द और अर्थों की मोहताज नहीं है।

–संयम के लिए कोई विकल्प नहीं है।

–समृद्धि के पैर नहीं होते। समृद्धि एक द्वार से आती है, दूसरे द्वार से चली जाती है।

–हाथ वह मलता है जिसकी हथेलियों से पसीना छूटता है।

–शिकायत वह करता है, जो कर्म की आंखों में धृतराष्ट्र की पट्टी देखता है।

–सफाई वह देता है जो साफ नहीं है। धुला और उज्ज्वल कपड़ा कभी धोबी की शिकायत नहीं करता।

–धब्बा कहां नहीं लगता? धब्बा कहां नहीं है? हमारी आंखों में नहीं है क्या? हमारी दृष्टि की दूषित मटमैली शिकन में नहीं है क्या?

–सबसे बड़ा धब्बा तो हमारे मन में होता है। मन जो देखता है, वही कहता है, तो कभी नहीं कहता, लेकिन इससे मन मर तो नहीं जाता।

❑

–मार्ग मनुष्य के दरवाजे को हमेशा खोलता है। मनुष्य का दरवाजा हमेशा मार्ग को दोष देता है। कहता है कभी मार्ग दुर्गम है, मार्ग बीहड़ है और कभी कहता है मार्ग गंदा है, दूषित है।

–मार्ग हमेशा प्रशस्त होता है–वह सड़क हो या पगडंडी, क्योंकि मार्ग हमेशा अपना धर्म निभाता है। मार्ग का धर्म है गंतव्य तक पहुंचाना। गंतव्य की परिसीमा मार्ग-रेखा है। लक्ष्मण-रेखा की तरह कोई उल्लंघन कर जाए तो... तो दोष किसका है–रेखा का या मलिन मानसिकता का!

❑

–और कुछ नहीं कहना मुझे। जीवन संघर्ष और झंझावातों से उपजा हुआ, कुंदन के बीच प्रकट होता दूसरों के लिए अहसास है। सुख का मर्मस्पर्शी क्षण है।

–सत्य तो यह है कि जीवन मात्र संघर्ष है। वह संघर्षों के बीच पनपता-पलता, अंततः महासागर के लिए ही समर्पित है। उस महासागर के लिए, जो अपनी महान संपूर्ण इकाई में आवेष्टित होते हुए भी स्वयं पानी की एक-एक बूंद के लिए तरसता है।

❑

–हमारा जीवन और समय–सत्य यही है, इसकी निश्चित पहचान कर ली जाए तो कांच कहीं से मैला नजर नहीं आएगा।

❑

–मेरे मित्र, सत्य को पहचानो, जिसका गला घोटोगे, जिसकी जेब काटोगे, जिसकी आत्मा के हंता होगे, जितने अवगुंठन में अपने को रखोगे, उतनी ही सफाई हर पल, हर क्षण तुम्हें देनी होगी।

–तुम्हारे स्पर्श से सौंदर्य अवश्य जाएगा। यदि उस स्पर्श से सचमुच निस्पर्श प्यार होगा और पारदर्शी कर्तव्यबोध की पहचान होगी।

ज्ञान सार्थक होगा

–एक जंगल से गुजरते हुए तीन व्यक्तियों ने वन-धतूरे का फूल देखा।

–एक के लिए वह मात्र फूल था।

–दूसरे को वह कागज के नोटों की तरह लग रहा था।

–तीसरा उस फूल के अंतिम छोर तक पहुंचकर अनायास परेशान हो उठा।

–वन-धतूरे का फूल तीसरे आदमी को सृष्टि के केंद्र-बिंदु तक ले गया : सृष्टि के आरंभ में जब संस्कृति नहीं थी, विचारधारा नहीं थी, तब मनुष्य के भीतर एक प्रश्न उठा, 'कोऽहं' यानी 'मैं कौन हूं'?

–'कोऽहं' से आरंभ हुई जिज्ञासा 'सोऽहं' पर जाकर समाप्त हुई

–आगे बढ़कर जब आज का मनुष्य यह नहीं पूछता कि मैं कौन हूं। अब वह पूछता है–मेरे जीवन का प्रयोजन क्या है?

–यह पूछते हुए उसने अपने प्रयोजन भी निर्धारित कर लिए हैं।

–परिणाम? संघर्ष!

–व्यक्तियों के हितों में, संस्थाओं में, सीमाओं में, खेमे में बंटे राजनेता और चिंतकों में, हर जगह संघर्ष!

–नारे, हड़तालें और प्रदर्शन, ये सब उद्देश्यहीन नहीं हैं?

–सांप से लड़ाई कर चूहों की बस्ती में रहने का उपक्रम नहीं है?

❑

–संघर्ष ने परिभाषाएं बदल दी हैं।

–जो स-हित है वही सत्य है!

–विश्वास यानी श्वासरहित! यानी दूसरे पर निर्भरता। किसी पर भी विश्वास कर हम एकदम निर्भर हो जाते हैं। निर्भर होने वाला वह विश्वास टूट रहा है।

–मेरा मन आक्रांत हो उठता है।

–यह संघर्ष आखिर किससे है?

–कौन, किससे लड़ना चाहता है?

–सभी भयभीत हैं। भय के आधार पर खड़ी रहने वाली संस्कृति (और व्यक्ति भी) अस्थिर होती है।

–वह कमजोर हो जाता है और कमजोर ही पीटा जाता है।

❑

–संघर्षों ने इतिहास की धाराओं को बदला है!

–संघर्षों ने नए व्यक्तियों को और नए राष्ट्रों को जन्म दिया है!

–लेकिन वे संघर्ष मनुष्य की अपनी आंतरिकता की सही अभिव्यक्ति थे!

–आज का संघर्ष किससे है!...आज सभी दबे पांव छत पर सोई चांदनी को पकड़ने का उपक्रम कर रहे हैं। कोई आवाज देकर चांदनी के पास तक जाने की हिम्मत नहीं करता!

–सब अपनी कायरता को ढोल पहना रहे हैं।

❑

–धुरी पर घूमती हर वस्तु की अवधि निश्चित है।

–एक-न-एक दिन धुरी की कील घिसकर कमजोर होगी और वह टूटेगी।

–इसलिए अपने को व्यर्थ उलझाने में कोई सार नहीं है।

–क्षमताओं की सार्थकता कृतित्व में है!

–घृणा का अंत घृणा से नहीं हो सकता, घृणा का अंत हो सकता है–प्रेम।

–जीवन का प्रयोजन खोजने के संघर्ष में एक-दूसरे संघर्ष को जन्म देना–दो पत्थरों की टकराहट है!

–परिणाम होता है उनका टूटना, रेत बन जाना।

–ऐसा कोई भी संघर्ष जो रेत बना दे, जान-बूझकर मोल लेना बुद्धि के साथ छल है।

–इसलिए 'सोऽहं' के बाद की सीमा प्रश्न नहीं, कार्य हो सकती है!

–हम वही हैं, जो हमें होना है! इससे आगे उलझाने से फायदा?

–तीसरे आदमी का धतूरे को लेकर ज्ञानकेंद्र तक पहुंचना क्रियाशीलता का प्रतीक है।

–क्रिया को सार्थक कामों की ओर मोड़ना बुद्धि की परख है।

❑

–आज की दुनिया के बनावटी उलझाव और बनावटी संघर्ष को जन्म दिया है–कमजोरी ने।

–उसका मुकाबला करने वाले दूसरी कमजोरी से ग्रस्त हैं।

–मैंने कहा था, सांप से लड़ाई कर चूहों की बस्ती में जाना व्यर्थ है!

–दो कमजोरों का मुकाबला दोनों को तोड़कर रेत बना देगा!

–दोस्तो! तब छत पर सोई चांदनी को पकड़ने के लिए हम दबे पांव क्यों चलें, क्यों न हम आवाजें देकर आगे बढ़ें!

–ऐसा करने से ही हमारे वन-धतूरे का ज्ञान सार्थक होगा!

किसके लिए?

–'तुम परेशान क्यों हो?' मैंने आगंतुक से पूछा।

–वह बौखला गई है। उसका मन उन्मादमय है। इतना असहज मैंने उसे कभी नहीं देखा।

–कारण? कोई नई बात है?

–नहीं, कोई बहुत बड़ी बात नहीं है, शायद नई भी नहीं है। उसकी परम सहेली रोगग्रस्त है, बस यही तो!

–रोग!

–हां, रोग!

–कोई असाध्य-सा?

–नहीं, वह भी नहीं, फिर उसने समूचे रोग की प्रक्रिया सुना दी। पश्चात्ताप और परेशानी से अपूर्व दुःखी। मैंने इस तरह व्यवहार करते उसे कभी नहीं देखा।

–मुस्कराकर मैंने कहा, 'परेशान मत हो। उसे सहजता चाहिए, इसके लिए उसे क्षमा चाहिए।'

❑

–हां, ऐसे व्यक्ति को क्षमा ही तो चाहिए, जो अपना धीरज खो बैठा हो।

–बाधाओं से जो लड़ना नहीं जानता, रोगों के व्यतिक्रम जिसे उन्मादित कर देते हैं, वह भयमुक्त नहीं है।

–भयभीत व्यक्ति कभी सहज नहीं होगा। जिसने अंगुलियों से चट्टान को पकड़ रखा है और नीचे लटका है, उसे दूसरे का नहीं, स्वयं अपने अस्तित्व का भय होता है।

–अपने अस्तित्व का भय जिसे हो, वह अपनी समूची क्रियाओं को परान्मुखी कर देता है।

–रोगग्रस्त और रोग शैया पर लेटे व्यक्ति में मात्र एक ही भय होता है–अपने भीतर और बाहर के दर्द का क्षरण कैसे होगा। उसके पास बैठा व्यक्ति यदि कमजोर है तो वह भय से अधिक भय के अंधकार से उद्‌भूत अहंकार में आकंठ डूबा होता है।

–अंधकार का अहंकार, चित्त को चंचल बनाता है, इंद्रियों की चेतना शक्ति छीन लेता है और सांसारिकता के कीचड़ में इतने गहरे डूबने लगता है कि बचाने की शक्तियां रोगग्रस्त के लिए नहीं, भयग्रस्त के लिए आवश्यक हैं।
–ऐसा व्यक्ति सारे विवेक खो बैठता है।
–मैत्री के दायरे उसकी हथेलियों से छूटकर दूर छिटक जाते हैं।
–रोग कभी तो ठीक होगा ही, परंतु तब तक परिचर्या का दंभी यह व्यक्ति अपने मित्रों को खो देगा, अपनी सामाजिकता पर प्रश्नचिह्न लगा लेगा और रात्रि में चीखते सियार की तरह पागल हो जाएगा।

❑

–कितने भी कठिन क्षण हों, अपने को संयत रखो, इसलिए कि वे परीक्षा के क्षण हैं। निवारण प्रक्रिया से सम्बद्ध हैं, समय के दास हैं।
–जीवन में ऐसे क्षण अनेक बार नहीं आते। कभी आते हैं और परीक्षा भी कभी-कभी ही देनी होती है।
–शीशा धोखे से गिरता है और धोखे से टूटता है। टूटे शीशे को कोई जोड़ नहीं सकता, क्योंकि उसका कण-कण भंग हो जाता है।
–धैर्यहीन व्यक्ति सोच ही नहीं सकता कि वह अपने कार्यों से हर क्षण को मोहकला की छांव से कोसों दूर ले जा रहा है।
–संयम और धीरज जहां बलवती हो जाएं, वहां शायद वह व्यक्ति अपनी पहचान भी भूल जाता है।
–यही उन्माद का क्षण है, यही पागल का साम्राज्य है।
–उसकी सोच कैद होकर कराहती है, किसी आदमी ने कभी अपनी छाया का आलिंगन किया है!

❑

–मनुष्य जीवन में परीक्षा की घड़ियां कई बार आती हैं, कभी वे सीधी और सहज होती हैं। कभी गंभीर और कई बार तो असामान्य-सी दिखने वाली अत्यंत सामान्य भी।
–परीक्षा के क्षण हों या नौकरी के लिए श्रम की अंतिम घड़ी हो, एक बार 'पहचान' तो देनी ही होगी। यही बात तब होती है, जब रोग स्वयं व्यक्ति को आसन्न घेर लेता है अथवा उसका कोई प्यारा व्यक्ति धोखे से उस घेरे में आ जाता है।
–परीक्षा के इन सारे क्षणों में सबसे पहली परीक्षा धैर्य की होती है, मस्तिष्क के संतुलन की होती है और इनसे उद्‌भूत व्यवहार और विचार की होती है।

—परिणाम महत्त्वपूर्ण नहीं हैं, महत्त्वपूर्ण परिणामों की प्रतीक्षा है। परिणाम आ गए, तो फिर सब अशेष। भले ही वे या दु:खदायी, शेष क्या रह जाता है? शेष रहती है, अशेष के पूर्व की स्थितियां और इन स्थितियों में व्यक्ति के क्षमतावान तथा निष्ठावान होने का अलिखित, लिखित इतिहास। यहां जो टूटता है, अपनी क्षमताएं खो देता है या बौखला जाता है—संघर्ष के उदात्त मैदान में अपनी बाजी हमेशा के लिए खो देता है।

—वह अपने को भले ही अहंकार के अध्यात्म में जीवित रखने का उपक्रम करे, उसका अहंभाव अधिभूत और रुद्र अधिदैव है।

❑

—धैर्य की इसी स्थिरता को युद्ध के क्षणों में परखा जा सकता है।

—युद्ध कभी, कोई नहीं आरंभ करता। युद्ध की कोई पृष्ठभूमि नहीं होती। युद्ध अहम् के अतिरेक में एक विशाल भूत-खंड-सा हो जाता है। भूत है, तो पृष्ठभूमि अपने-आप प्रतिभाषित हो जाती है।

—तब!

—तब उचित तो यही है कि युद्ध की स्थितियां ही न बनें और न विखंडित भूत को खड़े होने का अवसर मिले।

—मैत्री के द्वार हृदय के अभिषेक के लिए सदैव तत्पर रहते हैं।

—मन की मलिनता पर्यावरण का विनाशक तत्त्व है।

—चित्त की चंचलता और समझ के द्वारों का बंद होना, युद्ध का पहला चरण है।

—चरण पहला भले ही हो, घातक वही होता है, क्योंकि वही पहला चरण व्यक्तियों और देश-देशांतरों को संज्ञाहीन बनाता है।

—युद्ध से कभी किसी को कोई उपलब्धि नहीं हुई इतिहास के प्राचीन पृष्ठ गवाह हैं कि जिसने पाया है, उसने खोया है, जिसने खोया है, उसने भी कुछ पाया ही है।

—मनुष्य के मन की सीमाएं हैं।

—देश की भी सीमाएं होती हैं।

—मन और देश की सीमाओं में टकराव जब होता है, तो स्थिति रोगग्रस्त घर की हो अथवा युद्धग्रस्त धरती की हो, एक-सी होती है।

—युद्ध क्यों होते हैं? इसका उत्तर आज तक कोई नहीं दे सका। राजनीतिक समीकरण अपने फल-प्रतिफल भले निकाल लें, सब निरर्थक हैं।

—युद्ध चाहे सामान्य हों अथवा महायुद्ध हों, सभी अकारण होते हैं। अध्येता उन्हें सकारण बना देते हैं।

–युद्ध के बाद सब संकीर्ण हो जाता है, सब–कुछ सिकुड़ जाता है, तहस–नहस से ध्वस्त धरती और वातायन के बीच कुछ टूटता है, तो वह मात्र मनुष्य का मन है।

❑

–प्रश्न कुछ किया था, पहुंच हम कहीं गए! लेकिन क्या सचमुच हम भटके हैं?

–नहीं! बिलकुल नहीं। नियति वही होगी, जो एक व्यक्ति और एक घर की थी अथवा बढ़कर वह एक देश या कई देशों की हो गई

–रोगग्रस्त सभी हैं।

–सभी रोगी से अधिक रोगी की परिचर्या के मिथ्या साधक बनकर अपने को बहला रहे हैं।

❑

–आज का इतिहास कल के इतिहास से प्रश्न करेगा : सहज ही कि तुम्हारा धीरज कैसे छूट गया? तुमने अपना सबसे प्यारा मित्र कैसे खो दिया? उस क्षण जो रोगग्रस्त था, उसकी मरम्मत अब किसलिए, किसके लिए?

वन-फूलों की निरर्थकता

—वन-फूलों को देखकर वह अचानक रुक गया, निपट एकांत में खिले हुए फूलों को न किसी प्रेमिका के बालों की चाह थी, न देवता तक पहुंचने का संकल्प। हाथी के पैरों से भी कुचले जाने के लिए वे तैयार थे!

—फूलों के सौंदर्य को देखकर रुकने वाला दार्शनिक उनके मिथ्या-अस्तित्व पर अट्टहास कर उठा।

—वह जीवन के अस्तित्व की खोज में निकला था। यहां पहुंचकर उसे अनुभव हुआ, दृष्टि के अभाव ने ही मूल्यहीनता को जन्म दिया है! उसने पहली बार जाना, सौंदर्य का वास्तविक मूल्य प्रतीक्षा में है!

—वह उसी रास्ते लौट गया, जिधर से आया था।

❑

—भीड़ के बिना हमारी नियति नहीं है! वह एकांत अर्थहीन है, जो हमसे ही अलग होकर हमारे सामने खड़ा हो जाता है और फिर बातें करने लगता है!

—अपने-आपसे बातें करना सचमुच कितना कष्टसाध्य है!

—तो क्या हम भीड में खो जाएं?

❑

—एक जापानी दार्शनिक ने सौंदर्यबोध अपने अकेलेपन में पाया था। उसने कहा था, 'अकेलापन मेरी नियति है।'

—वह टोकियो में रहता था!

—टोकियो यानी एक भीड़-भरा सैलाब!

—अर्थ यह हुआ कि अकेलेपन की बात करना भीड़ से कटना नहीं है। कोलाहल के बीच रहकर उसके शब्दों को अर्थहीन करते जाना आज की आधुनिकता है!

—कोलाहल-भरी भीड़ अनर्गल होती है। वह जीवित व्यक्ति से भागती है।

—केवल मृत व्यक्ति अपने आस-पास भीड़ इकट्ठी कर सकता है।

—नहीं...केवल...नहीं! एक नेता भी तो है, जो 'भीड़' इकट्ठी करता है!

❑

—नेता की भीड़ का संबंध बल से है!

—दुनिया में दो ही बल हैं : अश्व-बल और पुरुष-बल!

—अश्व-बल की पहचान के लिए प्रतीक हैं लोहे की जड़ मशीनें!

—पुरुष-बल की पहचान दो तरीके से होती है : बाहर से और भीतर से भी।

—बाहरी बल की पहचान के लिए एक घटना द्रष्टव्य है : लार्ड वेलिंग्टन की पत्नी का हार खो गया। पुलिस में शिकायत की गई थोड़ी ही देर में पुलिस ने हार लाकर दे दिया। दूसरे दिन बिस्तर साफ करते हुए असली हार मिल गया तो लार्ड वेलिंग्टन ने पुलिस अफसर को बुलाकर पूछा, 'यह क्या है?' अफसर का उत्तर स्पष्ट था, 'सर, आपका हार खो जाए और हम न ला सकें...!'

—ऐसे बल के लिए विवेक का कोई अर्थ नहीं होता! वह समय और शक्ति की सीमा में आबद्ध है!

—भीतरी बल आदमी की वास्तविक संकल्प-शक्ति है। यह भीड़ में नहीं मिलता।

—सबको भीतरी बल की तलाश भी नहीं होती।

—संकट उन्हीं के लिए है जिन्हें इसकी तलाश है!

❑

—जिंदगी की दौड़ में जब आदमी बहुत आगे निकल जाता है, तब उसके पदचिह्न पगडंडी बन जाते हैं!

—पगडंडी का निर्धारण करते हुए बार-बार भीतरी बल की परीक्षा होती रहती है!

—इस अवधि में आदमी न जाने कितनी बार टूटता, मरता और फिर जीता है!

—इन प्रक्रियाओं से गुजरते हुए वह अपने अकेलेपन से भी लड़ता है!

—अंतिम युद्ध के बाद उसका विजित-पौरुष उसे गरिमामय बना देता है!

—तब उसकी नियति होती है : भीड़ से घिरकर भी भीड़ से अलग, पानी में तैरता हुआ एक कमल-पत्र!

—वह अपना समूचा दर्शन भीड़ में से ही खोजता है और उसी को वापस कर देता है!

—पुरुष-बल से संपन्न ऐसा व्यक्ति ही महामानव बन जाता है।

—वह तब भी प्रतीक्षा करता है : सौंदर्य के भीतरी रहस्य को पाने की!

—संभवतः इसलिए वह वन-फूलों की निरर्थकता से आसन्न लौट आया था!

कौन लिख गया इतिहास?

–सरहद अशांत है।

–सरहद खामोश नहीं है।

–सरहद ने अपने को शिखर समझने की गलती कर ली है।

–सरहद की शांति कठोर आवाजों और दहला देने वाले दावानल में बदल गई है।

❑

–अतीत के बोझ और भविष्य की कल्पना ने हमें हिला दिया है।

–भूल गए हैं कि पहले भी कभी हुआ था यही कुछ, अब हो रहा है और भविष्यमुक्त रहेगा यह मात्र कल्पना है।

–तीनों काल जहां 'एकान्त-बोध' से उलझने लगें, सोचना चाहिए काल-बोध के हाथों में खेल रहे हैं।

–खेल भयावह है, खेल वीभत्स है।

–भयावह और वीभत्स इसलिए कि अवदान किसी के हाथों नहीं होगा। हथेलियां तब भी पसरी हुई खुली होंगी।

–खुली मुट्ठी शून्य है।

–सत्य तो बंधी हुई मुट्ठियों में छिपा होता है, इसलिए कहा जाता है, बंद मुट्ठी सवा लाख की। अर्थ यह हुआ कि खुली मुट्ठी बेभाव की है।

–मुट्ठियों को बांधे रखा जाए या मुट्ठियां बंधी रहें, हर काल, हर क्षण हर आदमी के वश का नहीं है।

–खुली और बंधी मुट्ठी संस्कार का प्रतीकात्मक ज्ञानबोध है।

–भीख मांगना जहां संस्कार होगा, बांधने के श्रम व्यर्थ जाएंगे।

–संस्कार आत्मा की अमरता के बोध होंगे तो मुट्ठियां कभी खुल नहीं सकतीं।

–जिसने अपने हाथ खोलकर पसार दिए वह भिक्षुक है।

–भिक्षुक को शरण देना पाप है।

–महात्मा बुद्ध को मैं यहां अस्वीकार करता हूं : वे कहते हैं पसरे हुए हाथ

शरणागत हैं। नहीं, वे शरणागत नहीं हैं। वे झूठ और फरेब से सराबोर हैं। उनका अतीत स्पष्ट है। भिक्षा देना अथवा शरण देना अपने-आपमें दंड है। इस दंड का भागीदार दाता होता है।

—इस प्रकरण में दंड और पाप के भागीदार नहीं बनना चाहिए।

—मनुष्य-जीवन अजर-अमर नहीं है। नहीं है तो आगे आकर उसे वह बनाना होगा। न होने की पूर्ति अपने हाथ में है।

—इस प्रयास के लिए शौर्य और वीरता प्रेरक हैं।

—शौर्य और वीरता आधुनिक आयुधों के मोहताज नहीं हैं।

—युद्ध केवल आयुधों से नहीं लड़े जाते।

—कौरवों-पांडवों का युद्ध इसका प्रमाण है : एक ओर अक्षौहिणी सेना थी तो दूसरी ओर मात्र एक इतिहास पुरुष—कृष्ण।

—परंपराओं को तोड़ना भी चाहें तो उनके पत्ते और तने तो टूट सकते हैं, सूखी जड़ का छोटा-सा हिस्सा भी नरमी पाकर फिर पूरा वृक्ष बन सकता है।

—व्यतीत परंपरा नहीं है। वह इतिहास है।

—इतिहास सच की इकाई है तो व्यतीत अंधश्रद्धा का अवदान है।

—इतिहास ही तो दोहराया जा रहा है।

❑

—युद्ध कहां नहीं होते? कब नहीं होते? हमारा पूरा जीवन निरंतर युद्ध से जूझ रहा है। सूरज की पहली किरण से लेकर चंद्रमा के उदय तथा अस्त तक हम कहीं-न-कहीं युद्धरत होते हैं।

—युद्ध की सीमा यहीं समाप्त नहीं होती। कई बार समूची रात्रि के प्रांगण में हमें युद्धरत होना पड़ता है।

—ये युद्ध बौद्धिक मस्तिष्क की उपज हैं। इनसे जीतना शायद बहुत आसान नहीं है। जहां हम विवेकहीन युद्ध में फंस जाते हैं, वहां दलदल होता है।

—विवेकहीन व्यक्ति, राष्ट्र, देश अथवा जाति उस आपाद-शून्य में जीती है जिसका अर्थ उसे स्वयं पता नहीं है।

❑

—एक विडंबना और है, मनुष्य का शरीर जैसे इंद्रियों में बंटा है, यह धरती देशों की सीमाओं में बंटी है। सीमाएं किसने, कब बना दीं, संभवतः अज्ञात है।

—बनी हुई सीमाएं कब बनती हैं, कब बिगड़ती हैं, कोई नहीं जानता। कोई नहीं जानता ठीक वैसे ही जैसे मनुष्य का व्यवहार मस्तिष्क के कंपन में आवेष्टित होकर कब क्या होता है, कब क्या हो जाता है।

—बंटी हुई धरती को कोई बांध सके तो वह विश्व का निरापद स्वामी होगा।

—स्वामी होने का अभिषेक विश्व के इतिहास-पटल पर न कभी लिखा गया और

न कभी लिखा जाएगा। तब यह स्वीकार्य हो कि 'स्वामी' शब्द ही अर्थहीन है। अर्थ उसका होता है जो संभव है। असंभव की प्रक्रिया सभी अवयवों को अर्थहीन बना देती है।

–हम अर्थहीन संभावनाओं के द्वार पर खड़े हैं। आज खड़े हैं, कल भी खड़े थे और समय की सत्ता के हाथों बिके आगे भी खड़े रहेंगे।

–तब? तब शांत और अशांत होने का अर्थ ही क्या है?

–आज दहला देने वाली आवाजों से अशांत हैं, कभी शांति के निर्मम प्रहरियों से घिरे अशांत होंगे।

–स्वीकारना होगा कि अशांत होना व्यक्ति से लेकर राष्ट्र, देश और फिर समूचे प्रभामंडल का वास्तविक तथ्य है।

–कल अशांत थे तो शिकायत नहीं थी। आज अशांत हैं तो शिकायतों में कैद हैं।

–मैं जानता हूं, इन दोनों के बीच बहुत अंतर है। अंतर है भयावह होने का, अंतर है अंतरमय होने का।

–हमारे समीकरण यहीं नहीं ठहर जाते। इन परिभाषाओं के साथ हम बहुत कुछ खो रहे हैं, बहुत कम पा रहे हैं। जिंदगी का नाटक इसी तरह अधिक खोने और कम पाने में चल रहा है।

–कहें हम यह भी एक नाटक है तो स्वीकारना नहीं होगा शायद।

–शौर्य और पराक्रम के अधिष्ठाता अपनी एक-एक बूंद रक्त का हिसाब लेते हैं। यह हिसाब हमें ही नहीं, शत्रुओं को भी देना होगा। यह पत्थरों पर लिखे अमिट अक्षरों का अनंत घोष है।

–जीवंत रहें हम। जीवंत रहें हमारे संसाधन।

–जीवंत रहे बंदरबांट में मिली धरती की हर चिकनी मिट्टी।

–विजय का सेहरा हमें मिलेगा।

–शहीदों को हम फूल चढ़ाते रहे हैं, चढ़ाते रहेंगे। करें और क्या इससे ज्यादा!

–मृत्यु अंतिम सत्य है।

–आज तुम्हारे लिए।

–कल हमारे लिए।

–समय का इतिहास अपने अमिट अक्षरों से लिख जाएगा :

आते सभी हैं, जाते सभी हैं,
लिख गया है कौन लेकिन
पानी की लकीरों में
अपनी जिंदगी का इतिहास।

कर्त्तव्यनिष्ठ बनें

लक्ष्यवेध से पूर्व

–लक्ष्यवेध से पूर्व अर्जुन की चेतना डगमगा उठी थी।

–उसने ठहरकर पहले अपनी शक्ति देखी, फिर अपने को अतीत से काटकर लक्ष्यवेध पूरा किया।

–अर्जुन के इस कार्य से दो स्थितियां स्पष्ट हुईं, एक–कुछ भी करने से पहले अपनी शक्ति और सामर्थ्य को पहचानो और दूसरी–सत्य वही पहचान सकते हैं, जो अतीत से मुक्त हैं।

–अतीत का बोझ भारी होता है।

–शक्तिहीन का बल-प्रदर्शन हवा में चंद सतरें लिखने-जैसा है!

–आज हम चंद सतरें ही तो लिख रहे हैं, एक भारी बोझ के भागीदार बनकर अपने पूर्वजों का भार ढो रहे हैं। इनसे मुक्ति?

❑

–पाब्ली नेरूदा की एक कविता है। भय महागामी अंतरिक्ष में है, भय कहीं जल के नीचे है, अभय का वरदान धरती है, अपने पैर वहीं मजबूत खड़े रखो!

–विमान में बैठकर यात्रा करते समय गति का आभास खत्म हो जाता है, लगता है, सब-कुछ ठहर गया है।

–अपार जलराशि के मध्य भटकते जहाज की गति केवल लहरें गिनकर ही पहचानी जा सकती हैं।

–विमान और जहाज दोनों धरती के पास आते ही गतिवान हो उठते हैं।

–इसलिए पृथ्वी को समग्र चेतनामय एक विराट शक्ति माना गया है।

–धुरी पर घूमती हुई वह गतिवान है। यही गति उसकी शक्ति है। उसी के बल पर वह आदमी के पैरों को मजबूती से पकड़े रखती है।

–धरती से ही हमारे पैर उखड़ जायें तो?

–सोल्जेनित्सिन का एक उद्धरण है : 'धरती से भागकर हम जीवित नहीं रह सकते, इसलिए मैं प्राणी से अधिक अपनी मातृभूमि को चाहता हूं, लेकिन पूर्वजों का बोझ ढो सकने की क्षमता मुझमें नहीं है, मैं निर्वासित हूं।'

—परंपरा को तोड़कर आगे बढ़ना आसान नहीं है।

—जब कांच टूटता है तो वह टुकड़ों में बंट जाता है। हाथ में लगा, तो खून!

—परंपराएं कांच की तरह टूटती नहीं, उन्हें लोहे की तरह गलाना होता है।

—इस तरह गलाने में आदमी के भीतर का भी बहुत कुछ बदल जाता है।

—वही बदला हुआ आदमी निर्भय और क्षमतामय होता है, क्योंकि वह एक बड़ी प्रक्रिया से गुजर चुका है!

—एक प्रक्रिया से गुजरना समय को काटना है और निरंतर काटते हुए गतिवान बने रहना विकास का क्रम है।

—विकसित देश, विकासमान देशों की गति को रोकने के लिए कटिबद्ध हैं!

—सभ्यता की दौड़ में भागता आदमी और दौड़ में पिछड़ा आदमी कभी एक रेखा पर खड़े नहीं हो सकते!

❑

—पहाड़ के नीचे कितनी भी गति से दौड़िए, समय उससे भी तेज भागता है।

—आज की दुनिया की होड़ इसलिए समय के साथ है।

—हम जब-जब इसमें शामिल होते हैं, अधिक बलशाली शक्तियां हम पर आघात करती हैं।

—एक गरीब और पर-आश्रय देश इस होड़ में शामिल क्यों हो गया?

—यह प्रश्न नहीं, एक दर्द है। दर्द से भरी एक चुनौती है!

—इसका उत्तर केवल हमारी सामर्थ्यवान उद्घोषणा है, महाबली अर्जुन ने महाभारत का युद्ध इसी तरह जीता था!

—हम संस्कृतियों के युद्ध से जूझ रहे हैं, जो अधिक कठोर है। शायद हमारी परीक्षा का यही समय है!

लक्ष्य क्या है?

–किसी ने मार्टिन लूथर किंग से पूछा था, 'आपका लक्ष्य क्या है?'

–किंग ने उत्तर दिया था, 'वही, जो मनुष्य का है!'

–मनुष्य का लक्ष्य?

–शैतान ने एक बार भिक्षा देने से पहले याचक से मांग की थी, 'खाने के बदले तुम्हें अपना ईमान मुझे देना पड़ेगा।'

–भूखे व्यक्ति ने तत्काल अपना ईमान शैतान के हवाले कर दिया।

–घर से आक्रांत शेक्सपियर ने बाहर भटकने के बाद अपनी डायरी में लिखा था, 'आज बीमारी का दूसरा दिन है, घर की कितनी याद सता रही है।'

❑

–घर और भूख, यही मानव मात्र की आदिम भटकन है।

–मार्टिन लूथर किंग की तलाश इन दोनों के लिए थी, क्योंकि भूखे आदमी का कोई ईमान नहीं होता और आश्रय के बिना आदमी में ठहराव नहीं आता।

–विकास के लिए ईमान और ठहराव इन्हीं दोनों की जरूरत है।

–विकास की दौड़ में भागते हुए भी हमारे हाथ से यही दो वस्तुएं छूट गई हैं।

–इसलिए हम बार-बार मुड़ते, ठहरते और परेशान होते हैं।

–सहज गति का आभास हमसे दूर चला गया है।

–सूर्य की गति तिरछी है, अग्नि-शिखा ऊपर की ओर उठती है, संकल्प को इन्हीं की तरह एक सहज लकीर का पथचारी होना जरूरी है।

❑

–बीते हुए कल की जिन्दगी के साथ जीने के लिए कुछ लोगों को छोड़ देना आदमी की बर्बरता की कहानी है।

–पत्थरों को तोड़कर उसका सीमेंट ले जाते हुए वह दूसरे भूखे और आश्रयहीन आदमी के हाथ एक डंडा थमा जाता है!

–उसे एक संज्ञा देता है : तुम चौकीदार हो!

–उसे गरिमामय आडंबरपूर्ण शब्दों में वह विभूषित करता है : 'संस्कृति का संरक्षण तुम्हारे हाथ है।'

–वह 'संस्कृति' नाम की नपुंसक डोर हाथ में लिए मूर्खों की तरह बैठा रहता है।
–तब तक दूसरा आदमी युगों आगे बढ़ जाता है।
–वहां से वह लौटकर उस पहरुए को देखता है। उससे कहता है, कभी तुम्हारे पूंछ रही है, वह धीरे-धीरे गलकर टूट गईं देखो तो, वह कहां थी?
–वह सुखमय मुद्रा में अपनी पूंछ टटोलने लगता है!
–बढ़ा हुआ आदमी अट्टहास करता आगे गुजर जाता है!
–उसके वैभवमय यंत्र संस्कृति के भागीदार पुरातन पुरुष के चित्र छापकर अपने विकास का ढोल पीटते हैं।
–लगता है, यह ढोल निरंतर भीतर और बाहर दोनों जगह पीटा जा रहा है!
–घर के भीतर हम उसे पीट रहे हैं और बाहर से दूसरे उसे पीटकर उसका शोर हमारे कानों तक छोड़ जाते हैं।
–इन्हीं को हम अपने सांस्कृतिक संग्रहालय में सुरक्षित रखे हैं और दूसरे हमें अपने संग्रहालय में रखना चाहते हैं।

❑

–भीतर और बाहर का यह समूचा द्वंद्व हमारी चेतना से कुछ मांग करता है।
–क्षमाशील पुरुष में एक दोष पाया जाता है...लोग उसे असमर्थ समझ लेते हैं।
–बोझ को कितना भी कसकर बांधा गया हो, जब उसे दूसरी बार बांधते हैं, तब पहला बंधन ढीला पड़ जाता है।
–इसलिए एक बंधे को बार-बार बांधना अपनी ही प्रगति को अवरुद्ध करना है।
–असमर्थता के कगार तक ले जाने वाली क्षमाशीलता आत्मघाती है।
–हम चिंतन और क्रियाशीलता के एक दोराहे पर खड़े हैं।
–यह दोराहा हमसे पहली मांग भूख और दूसरी घर की करता है।

बात पहचान की है

–कैसे जिया जाए, कैसे रहा जाए : बहुत बड़ा प्रश्न है।
–प्रश्न इसलिए उभरा कि हर समय हम 'पहचान' की तलाश में लगे रहते हैं।
–पहचान की तलाश इसलिए, क्योंकि हम उस तरह जीना नहीं जानते।
–जीना चाहिए हमें जैसे हम जीना चाहते हैं।
–हमारे जीने के भाग्य निर्माता और कोई अवयव नहीं हैं।
–कठिनाई यह है हम 'कैलेंडर' को हर क्षण, हर पल देखते हैं और 'कैलेंडर' के सहारे जीते हैं।
–नहीं जियो कैलेंडर देखकर, जियो तो अपनी मरजी से, अपने मन से, अपनी भरपूर ऊर्जा से बिना किसी दबाव के, बिना किसी भ्रम के।

❑

–आंख बंद कर लेने के कई फायदे हैं!–आंखों की रोशनी बढ़ती है। एक लय में बीन बजाते स्वर 'हैया हो हैया' बहुत मीठे लगते हैं, करेले में चाशनी मिला दें तो भी वह मिठास नसीब नहीं होगी। अपना ही पसीना पीते हुए वे नीबू और नमक मुफ्त में चाटते हैं, जिनकी देनी पड़ती है, हमें कीमत!
–भाग रहे हैं बेतहाशा वे सब तेज अंधड़ में तिनके की तरह, उनके पैर तब भी जमीन पर हैं, मजबूती से एकरस धड़कता है उनका हृदय और हर पल, हर क्षण एक-एक बूंद खून बढ़ता जा रहा है उनके शरीर में।
–मजबूरी मौत की सास है।
–सास के सामने बहू स्वच्छंद नहीं रह सकती! इसलिए कि सास धार-धार बहती हुई पहाड़ी नदी है और बहू को उसे झेलने के लिए महासागर बनना ही होगा!
–नियति का यह चक्र! ओफ!...अपराजेय समय ने भी यहां घुटने टेक दिए हैं।
–किससे शिकायत करें हम?
–दमघोंटू धुएं से भरे कमरे और अनंत विस्तारमयी इस धरती में कोई अंतर नहीं है।
–तो थोड़ा ठहर जाइए...दम ले लीजिए...ऊपर की सांस को नीचे आ जाने दीजिए!

❑

–सड़कों से जुलूस गुजर रहा है, किसी लक्ष्मीपति की अंतिम शवयात्रा की तरह।
–अधिकारों की मांग की जाती है, अपनी मांग भरकर। हम सीधे तने हुए

महाबोधि वृक्ष उभरी हुई कूबड़ की मजबूरी में धरती की धूप चाटते हैं।
–सुनने दो मुझे इन नारों को! अबलाओं के बोल हैं ये! संरक्षण देने की जिम्मेदारी हमारी है।
–इसी जिम्मेदारी के माया-महल में बड़े-बड़े कारखाने खुलते हैं : फैशन की बिंदियां कब्रगाहों जैसी मशीनों पर उभरती हैं। यह फटे हुए दूध से मलाई बनाई जाती है। इसी मलाई को फिर हम अपने होंठों से चाटते हैं!
–प्यार का समूचा इतिहास यहीं लिखा जाता है!
–यहीं वह पुस्तक छपती है और सोने की जिल्द चढ़ाई जाती है।
–परीक्षा का समय है चित्रकार के लिए : हार और बालियां, बिंदियां और चूड़ियां, पाजेब और तराशे हुए पत्थरों की मीनाकारी! कितने बना सकता है वह, कितनी तरह के!
–सौन्दर्यबोध हमारे लिए आवश्यक है। शृंगार हमारी आंखों के भीतर की काली गोल दृष्टि है, कौन चाहेगा कि उसमें मोतियाबिंद हो जाए।
–मारे गये न हम अपने ही हाथों। प्यार के इतिहास में सुनहरी जिल्द चढ़ाते हुए भी किसी ने हमें न महाकवि समझा और न ईमानदारी लेखक माना!
–लापरवाह हो सकना भी कितनी खुशनसीबी है!
–अधिकारों का बोझ ढोना एक कछुए का अपनी पीठ पर समूची धरती को संभालना है।
–हर हल्की-सी सिहरन भूकंप बन सकती है, टूट सकते हैं दरवाजे और खिड़कियों के कांच, अन्यत्र ढह सकती है पूरी इमारत या अतल गहराई में समा सकता है पूरा शहर।
–मजा आता है अपना बोझ कुली के कंधों पर लादकर ऊंचे पहाड़ों पर चढ़ना।
❑
–हिसाब-किताब रखना ततैया को छेड़ना है। बहुत कुछ करना पड़ता है तब काले और सफेद जिल्दों पर चढ़े हुए लाल कपड़े, सफेद धागे से सिये हुए, ऑपरेशन के बाद किसी मरीज की याद दिलाते हैं।
–बेसहारा जिंदगी मौत है, ऐसी जो डॉक्टरों के हवाले हो और डॉक्टर भी वह, जो खून को सफेद धागों से सी रहा हो!
–रात हराम हो जाती है और हर दस्तक एक मजबूर सिपाही का सपना बन जाती है। सूरज की रोशनी में भी ताला लगाना पड़ता है और छटपटाते हैं हम, दमे के मरीज की तरह!
–पहचान!
–हमेशा ढोते रहेंगे हम इसे अपने कांपते होंठों के साथ। तब भी नाटक करेंगे मजबूती का और अहसास भी नहीं होने देंगे कि हमारी शेरवानी भीतर पसीने से तरबतर है।

—प्रोटोकॉल के नाम पर जून की गरमी में गरम सूट पहनकर आलीशान दावतों में जाना अजगर की केंचुली है।
—अजगर अपनी केंचुली छोड़ सकता है, हमें सूट और शेरवानी पहनने होंगे अपने अधिकारों की रक्षा के लिए, अपने दंभ और अहं में अपने-आप पिसने के लिए और इसलिए भी कि दूसरे की नाखुश आहट कहीं हमें पके हुए पीले पत्ते की तरह हिला न दे!
—आइए, हम अपनी कुछ आदतों को भी देख लें!
—स्वच्छ सपाट दीवारों पर हमने अपने कमरे में क्या लटका रखा है : भिखमंगे, अधनंगे बच्चों की तस्वीरें, अपने ब्लाउज की सीवन को सीती हुई भूखी और गरीब औरत, भीड़-भरे बाजार में तानाशाह-सी घूमती हुई गायें, खोखले और भयानक मुखौटे, ऊबड़-खाबड़ रेखाओं से पुती हुई बेमतलब पेंटिग (जिसे कल मेरे नौकर ने उल्टी लगा दी थी, अब भी लगी है), पुराने टूटे हुए बर्तन, लोहे की कड़ाहियां और हाथ की हथकड़ियां।
—आधुनिक सभ्यता के साथ जीना है, तो इनकी परख को समझिए।
—फटेहाल रहकर भी ऐसे सुरक्षित ड्राइंगरूम में अपने को कला-पारखी और संपत्तिशाली बनाये रखा जा सकता है!
—जी हां, ऐसे ही छोटे-छोटे समझौतों से महाप्रतापी शासकों का पतन हुआ है।
❑
—बात पहचान से उठी थी, पहचानने की प्रक्रिया में ही वह खोती जा रही है।
—यूं ही खोती गई, तो क्या फिर पैदा होंगे—कबीर, सूर, तुलसी, ईसा और बुद्ध, नानक और नामदेव, जरस्थु और कार्ल मार्क्स!
—संतवाणी है : सारा संसार हमारा है! इस वाणी को हम बार-बार दोहराते हैं, तब भी दोहरे संसार में दोहरे चेहरों के साथ क्यों जीते हैं हम? अपने ही छोटे संसार को सारा संसार मानकर कितने मजे नहीं लेते।
—गलियों और सड़कों पर शोर है : 'हम कमजोर नहीं हैं!'
—वे नहीं हैं, तो क्या हम हैं?
—हमारे बिना वे क्या हैं? उनके बिना हम क्या हैं? यह परिभाषा एक सत्य की है। दूसरा सत्य यह है कि शल्य चिकित्सक बनने के बावजूद वे हमारी बांहों को ढूंढ़ती रहेंगी! और हम...यदि हमें वे बांहें नहीं मिलेंगी, तो हम अपने पुरुषत्व के साथ सौदा करेंगे और बागी बन जाएंगे!
—लेकिन तब भी बात पहचान की है न!
—एक ने पहचान ली, दूसरा धर्मग्रंथ लिखे जा रहा है!
—लिखने की इस प्रक्रिया में आदिकवि वाल्मीकि और आदिमानव मन हमेशा तड़पते रहेंगे और अपनी पहचान ढूंढ़ते रहेंगे। नहीं-नहीं, होगा, वे कैलेंडर देखकर नहीं जीते रहे।

ईश्वर क्या है?

एक पत्र :

'आदरणीय अवस्थी जी,

अंतर में जिज्ञासा उत्पन्न हुई कि जानूं विज्ञान और तकनीकी के सघन वातावरण में रहते हुए इस देश के प्रत्येक प्रबुद्ध व्यक्तित्व पर ईश्वर की क्या धारणा है—आपकी दृष्टि में ईश्वर क्या है?' **—अशोक मुनि**

❑

—कालावधि से भी पहले की एक कथा है : अंधेरी काल-रात्रि में एकाकी जाते हुए उसे पहरेदार ने रोककर पूछा, 'तुम चोर तो नहीं हो?'

—'हां, मैं चोर हूं।' उसने जवाब दिया, 'मैं ईश्वर को खोज रहा हूं और वह मिल गया तो उसे चुराकर ले जाऊंगा।'

—पहरेदार ने उसे पागल समझकर अट्टहास किया। अपनी लाठी उसके हाथ दे दी और कहा, 'तुम्हारा संकल्प पूरा हो। जब वह पूरा हो जाये, तो इस लाठी को समंदर में फेंक देना।'

—तब से निरंतर आदमी ईश्वर की खोज में व्यस्त है!

—ईसा, राम, कृष्ण, बुद्ध और महावीर सबके हाथ वह लाठी थी, कोई उसे समंदर में नहीं फेंक सका!

❑

—नीत्से ने उद्घोष किया था : 'ईश्वर मर गया है!'

—अरस्तू का कहना था, 'ईश्वर मेरे शहर का एक आवारा लड़का है। उसे पकड़ा नहीं जा सकता।'

—हिटलर ने पिस्तौल निकालकर चुनौती दी थी, 'कौन है, जिसे ईश्वर का पता चाहिए?'

—आइंस्टीन ने उत्तर आसान किया, 'ईश्वर बहुत सूक्ष्म बुद्धि वाला है, किंतु विद्वेषी नहीं है।'

—ईसा के पास एक आशावाद था, 'जो उस पर आस्था रखता है और जिसमें विश्वास है, वह संसार से उत्तीर्ण हो जाएगा। जो अनास्था और अविश्वास में डूबा है, उसकी दुर्गति होगी।'

—गीता में भी उद्घोष है : 'संशयात्मा विनश्यति।'

❑

—धर्मग्रंथ ईश्वर की ओर नहीं ले जा सकते—तब?

–प्रश्न जटिल है : युगारंभ के किसी क्षण से वह उपजा था और आज तक स्वयं भटक रहा है!

–वास्तव में ईश्वर न अस्तित्व वाली श्रेणी में हैं और न अनस्तित्व वाली श्रेणी में।

–नास्तिक का बार-बार किसी चीज को नकारना भी उसे स्वीकारना है।

–पूजा करने, न करने में भेद नहीं है!

–मानने और न मानने में कोई भटक नहीं जाता!–मानना न पुण्य है और न मानना, न पाप है!

–सच पूछिए तो मनुष्य अभी भी अपूर्ण है और एक रचना-प्रक्रिया में व्यस्त है!

❑

–सुख की प्राप्ति मानव जीवन का संकल्प नहीं है, क्योंकि जीवन-भर का सुख मात्र ऊब का एक कारक है!

–इस विश्व में हम सुखी होने के लिए नहीं, विकसित होने के लिए आए हैं।

–विकास की गति में सुख नहीं होता, वहां संघर्ष और पीड़ा होती है।

–विकास के लिए किए गए काल के चिंतन और संवेगों से अधिक चेतनशील धर्म दूसरा नहीं है!

–इसलिए मित्र, सूत्र का सिरा कहीं चेतना के साथ जुड़ा है...ठीक वैसे ही जैसे प्रकाश में विश्वास करने की बात निरर्थक है, उसे आंखें खोलकर ही देखा जा सकता है!

–खुली हुई आंखों वाला विवेक ही मनुष्य को एक सत्य तक ले जाता है!

–हमारी विचार-चेतना से परे कोई असीम चेतना-शक्ति अवश्य है।

–लेकिन वह पवित्रता का बोधिवृक्ष नहीं है कि उसकी परिक्रमा की जा सके!

–वह संपूर्ण जीवन की सामंजस्यता और अंतर्विरोधों का एक प्रतिबिंब है!

–घास की गंध की तरह वह कहीं हमारे भीतर अंतर्वेष्टित है!

–इसलिए उसकी तलाश तांबे के पूर्व और लोहे के पश्चिम के साथ व्यर्थ है।

–वास्तव में इस तलाश के पीछे जो कर्मशील चैतन्य सत्ता कार्य करती है, वही ईश्वर है।

–उसे ईंटों, पत्थरों, पर्वतों, पहाड़ों और हवाओं में मत खोजिए, क्योंकि : मैं जानता हूं।

मेरे बिना ईश्वर–
एक क्षण के लिए भी
जीवित नहीं रह सकता।
अगर मैं मर जाऊं–
तो फिर वह जी नहीं सकता!

–मित्र, सारा प्रश्न सिमटकर आदमी के भीतर के आदमी की तलाश में आकर रुक जाता है। शायद इसलिए अभी तक कोई उस लाठी को समंदर में नहीं फेंक सका।

अंधेरा सदा बाहर रहे

–तारा पहली बार ही नहीं टूटा।

–तारा टूटता है, कई बार टूटता है। उस क्षण टूटता है, जब कोई दिव्य देह जन्मती है अथवा कोई दिव्य घटना होती है।

–तारे का टूटना वातायन की कमजोरी नहीं है, अपनी बढ़ती हुई क्षमता का वितरण है।

–आज भी एक तारा टूटा है।

❑

–टूटे हुए इस तारे को अभ्यागत समझकर हम उसका स्वागत करें।

–रात्रि गहन अंधकार में डूबी है, तब भी इस अंधकार का सभी अभिनंदन कर रहे हैं।

–दीपक जलाकर वे अंधकार को देखना चाहते हैं–देखना चाहते हैं कि अंधकार का रूप, रंग, आकार क्या है? कैसे उतरता है वह और कैसे बिखरकर सबको समेट लेता है।

–कितना बड़ा मिथ्या भय हमने पाला है कि अंधकार के मर्म को हम एक दीपक से देखना चाहते हैं।

–दीपक प्रकाश का प्रतीक है, किंतु उसकी लघुता महान प्रबंधी के सामने सीमित है।

–सच तो यह है कि अंधकार है ही नहीं। यह हमारा मिथ्या भ्रम है। हमारी दृष्टि या तो धोखा दे रही है अथवा बुद्धि के दरवाजे में कैद है।

–बौद्धिकता कुछ और है।

–बुद्धि के सामने कभी अंधेरा नहीं होता। दृश्य अंधकार मात्र प्रतीक है कि प्रकाश को पहचानो।

–पहचान के लिए कोई प्रभावी आयाम तो होंगे ही। अंधकार नहीं होगा तो प्रकाश की सत्ता की पहचान कहां से होगी!

—बुद्धि के द्वार किसी प्रतिक्रिया के मोहताज नहीं है।

❑

—वह देखो सामने विशाल कुआं है। कुआं यानी धरती पर एक धब्बा, एक गहरा छेद।

—देखो तो भला, यही है क्या वह। लाखों की प्यास बुझाता है। अछोर धरती को वह सींचता है। अपने भीतर आने का आमंत्रण देता है।

—कुएं के भीतर चले जाइए, वह कभी किसी को कैद नहीं करेगा।

—कुएं के जल का स्पर्श अद्भुत है—प्रात: वह हल्का गरम है तो दोपहर को ठंडा है। कुआं भयहीन है : न वह भय खाता है और न भयभीत करता। अत्यंत शांत, निश्चल। वह लहरें भी नहीं फेंकता कि वहां पहुंचने वाला अपनी रक्षा करने को बाध्य हो जाए।

—कुआं एक सच्चाई है और हीरे का वह पहाड़ है, जो हीरा नहीं है। उससे भी अधिक परमतत्त्व है। हीरा पेट नहीं भरता, कुएं का पानी पेट भरता है। पानी शांति देता है।

—कुएं का पानी संवेदना की बाइबिल है।

—कुएं में पत्थर फेंकिए वह निर्विकार, निर्विरोध और शांत रहेगा। यह कुएं का आचरण है, यही आचरण तो चरित्र का दर्पण होता है।

—फिर कुएं को बंद कर दीजिए। उसमें मिट्टी भर दीजिए। उसका मुंह बंद कर दिया जाए, वह तब भी मौन सब सहता है। बदला नहीं लेता। इस दुष्ट प्रक्रिया को भी वह आनंद से झेलता है। वह जानता है आनंद-ज्ञान में नहीं है, प्रेम में है। उसके बंद हो जाने से शायद कुछ प्रेमियों को ऐसी जगह मिल जाए तो अधिक उपयोगी हो। कुआं जानता है कि जीना है तो तितली की तरह जियो, जब तक जियो रंग-बिरंगे अवयव चक्कर काटते रहें।

❑

—अंधकार भी ऐसा ही कुआं है जिसके भीतर प्रकाश का अक्षुण्ण भंडार भरा है। सच पूछिए तो अंधकार मात्र परीक्षा लेता है कि क्षणजीवी अपना चरित्र कैसे बदलते हैं।

—तो आइए, इस अंधकार का हम स्वागत करें, कुएं की तरह। हम स्वार्थी न बन जाएं कि विश्राम के लिए रोज अंधकार की याचना करें। आज वह हमारे साथ खेलने आया है तो हम उसका स्वागत न करें। करते तो हैं दीप जलाकर और प्रकाश-पुंज के नये-नये अवयव छोड़कर जिनके लिए कितना कुछ खर्च नहीं किया।

–यह सत्य है तो स्वीकारिए, क्योंकि चुप वही रहता है जो सत्यवादी है। बोलता है बहुत वह, जो झूठ और दम्भ में पलता है।

❑

–इस प्रकरण ने स्मृति को फिर झटका दिया है।

–झटका देने वाला है वृक्ष। वृक्ष वह, जो सीधा सामने खड़ा है।

–भीषण गर्मी से वृक्ष राहत देता है।

–सौंदर्य का अभिषेक वृक्षों से होता है।

–सृष्टि का निखार प्रकाश की तरह वृक्ष ही तो हैं।

–वृक्ष पत्ते देते हैं खाने के लिए। वृक्ष पुष्प देते हैं पूजाघर के लिए। वृक्ष फल देते हैं हमारी जीभ के स्वाद को बनाये रखने के लिए। वही वृक्ष गर्मी से राहत देकर ठंडक पहुंचाते हैं। ठंड में वे बर्फ को झेलकर झोंपड़ी को बचाते हैं।

–वृक्ष मधुमक्खी भी देता है। मधुमक्खी काटती है तो मधु मिलता है, सांप काटता है तो विष हो जाता है। इस सत्य के बावजूद वृक्ष विषधर को भी शरण देता है और मनुष्य को मकान भी देता है।

–वृक्ष निष्ठा का प्रतीक है। निष्ठा में ही आनंद है।

–इसी वृक्ष के नीचे प्यार के पल पनपते हैं। आंखों में धूल झोंककर प्रेमी वृक्ष को अपना संरक्षक मानते हैं।

–प्यार से बड़ा कोई धर्म नहीं है। प्यार नहीं है तो जीवन व्यर्थ है। जीवन की सहभागिता और सहचारिता प्यार से पनपते और बढ़ते अनजाने क्षणों में है।

–स्वीकारिए, वृक्ष प्यार का अक्षय भंडार है।

–और देखिए तो, पत्थर मारिए, काटिए टुकड़े-टुकड़े कर दीजिए बेचारा वृक्ष तब भी आह तक नहीं निकालता। नष्ट होकर भी वह अनंत अर्थ-संपदा छोड़ जाता है।

❑

–वृक्ष की तरह अंधकार स्वयं प्यार का प्रेरक है। अंधकार न हो तो शायद प्यार के बीज ही नहीं पनपेंगे और बिना प्यार के यह समूची सृष्टि सूखे रेगिस्तान से भी निकृष्ट हो जाएगा।

❑

–अंधकार है, उसे और घना होने दो।

–अंधकार की अर्चना-पूजा करो।

–अंधकार को प्यार दो। अंधकार से प्यार लो। प्यार के लिए छिपने की जगह खोजनी नहीं पड़ेगी, एक विशाल महाखंड फैला दिया है अंधकार ने। अंधकार

की चादर खुली है, खुला आमंत्रण है, दृष्टि से डरो नहीं, वह सीमित है।

❑

–तो!

–तारा पहली बार ही नहीं टूटा था।

–अंधकार भी पहली बार नहीं आया।

–अंधकार प्रतिदिन आता है और नई जिंदगी दे जाता है।

–आज का अंधकार रोज आने वाले अंधकारों का वह महान कुआं है, वह महान वृक्ष है, जो जिंदगी के अंत तक अभूला रहेगा। यह अंधकार का वार्षिक महाधिवेशन है, इसका स्वागत कीजिए।

–तारा एक दिन टूटा तो जाने क्या हो गया! तारे रोज टूटते हैं यह वातायन बताएगा। अंधकार आज पूजा का श्रेय बना है। उसे हर दिन सब पूजते हैं। भोग का वह भंडार है। वह न रहे तो मनुष्य संपदा नष्ट होने लगेगी।

–फिर ये तारे!

–ये अंधेरे...।

–सदाबहार रहें।

–हमारी सांस को पोषित करते रहें, यह अभ्यर्थना हमारे ऋषियों ने की थी, हम भी करें।

समयातीत

मैं समय से आक्रांत हूं!

—चीनी दार्शनिक च्वांगत्से की याद अचानक आ गई है। उसने कहा था, 'मुझे बचाओ, मैं भयग्रस्त नहीं हूं, मैं समय से आक्रांत हूं।'

—सोचते हुए पहली बार लगा, यह आर्तनाद व्यर्थ था, फिर सहसा मस्तिष्क घूमने लगा और स्वर बदल गए।

—हम सचमुच परेशान हैं, समय ने हमें आक्रांत कर रखा है।

❑

—अंग्रेजों की एक कविता है, अर्थ है : पहाड़ के नीचे कितनी भी गति से तुम भागो, समय उससे भी तेज भागेगा।

—जिंदगी की दौड़, समय की दौड़ से हमेशा पीछे रहेगी।

—वास्तव में समय स्वयं एक छलावा है, क्योंकि समय मन की उत्पत्ति है।

—आदमी का मन कभी स्थिर नहीं हो सका, उनका भी नहीं जो समाधिस्थ होते हैं।

—इसलिए समय कभी भागता है, कभी ठहर जाता है।

—हमारे सुख के क्षणों में समय की गति तीव्र हो जाती है, वह सिकुड़ जाता है। दु:ख के क्षणों में समय की चादर फैलकर लंबी होती है!

—प्रिय के साथ रात क्षण में बीत जाती है, मृत्यु के साथ वह बीते नहीं बीतती।

—तो क्या विभिन्न प्रसंगों और अवसरों पर समय की गति बदलती रहती है?

❑

—हमने अभी कहा था, समय एक छलावा है और वह मन की उत्पत्ति है!

—समय न ठहरता और न भागता, ठहरती और भागती हैं स्थितियां, मन की पर्तें।

—लेकिन समय कोई सूत्र भी नहीं है, जिसे पकड़कर दिखाया जा सके। वह हवा की तरह भी नहीं है, क्योंकि कम-से-कम हवा का भान तो होता है।

—वह न ज्योति है, न किरण, न रस, न रूप और न सुगन्ध और शायद न शून्य भी!

—एक बार ईसा से किसी ने पूछा था, 'आपका जन्म कब हुआ?'

—ईसा ने कहा था, 'मुझे समय में नहीं बांधा जा सकता।'

–प्रश्नकर्ता के पास प्रमाण था, वह बोला, 'आपसे सैकड़ों साल पहले पैगंबर अब्राहम हुए थे, तब?'

–ईसा का उत्तर था, 'मैं तब भी था। अब्राह्म से पहले भी था, आज भी हूं और हर भविष्य के साथ रहूंगा।'

–स्पष्ट है, ईसा ने समय में बंधने से इंकार कर दिया था, लेकिन स्वयं उनका इंकार करना निरर्थक है। समय के बंधन से वे मुक्त नहीं हो सके।

–इसलिए लगता है, समय के कुएं में जीना हमारी अनिवार्य नियति है।

–विवेकानन्द ने एक रात स्वप्न में अपने को कुएं में बंद पाकर कहा था, 'विश्व स्वप्न है'! विवेकानन्द जैसे व्यक्ति भी घबराकर ऐसा कह गए। वास्तव में विश्व स्वप्न नहीं है, वह समय है।

–समय की तरह वह शाश्वत है, अजेय-अपराजेय है, निर्बंध, निश्छल है।

–धार के पानी की तरह मनुष्यों का सैलाब आकर गुजर जाता है, समय को अपनी मुट्ठी में बांधने का दंभ भरता है, लेकिन शेष अट्टहास रह जाता है, जड़विहीन सूखी घास की तरह।

–चंगेज, नेपोलियन, हिटलर–सब उससे टकराए और चूर-चूर हो गए। विचित्र यह कि इस टकराहट का उन्हें अनुभव भी नहीं हुआ और वे अलक्षित समय के हाथों पराजित हुए।

–समय ने उनकी शौर्य कथाओं को जंग लगी ढेर में बदल दिया!

❑

–सदियों पहले दार्शनिक च्वांगत्से की आक्रांत स्थिति आज भी स्थिर है।

–इसलिए हम जूझते और लड़ते अपने-आपसे हैं, कहते हैं : 'हमारी लड़ाई समय के साथ है!' और अपने को भ्रम में डाल लेते हैं।

❑

–इस कथा का एक अन्तिम सूत्र : हमारी सत्ता के श्रेष्ठतम राजनेताओं से लेकर सामान्य मंत्री तक किसी भी दार्शनिक से श्रेष्ठ हैं, क्योंकि वे समयातीत हैं! समय के बंधन को वे छोड़ चुके हैं–अपने लिए और अपने आगंतुकों के लिए!

भागता समय : अलविदा

–भागता हुआ समय अंततः मुट्ठियों में कैद हो गया।
–कालचक्र की महारात्रि जादुई पर्दे की तरह हिलने लगी।
–हो जाता है, जो पछताने के लिए भी सांस नहीं लेने देता।
–हुआ, हुआ व्यतीत इतिहास के गर्त में चला जाता है।
–समय हथेलियों से फिसलती हुई हवा है।
–हो गया, सब-कुछ हो गया, जो होना था सो हो गया।
–शेष है व्यापारी का बही-खाता, जो लेन-देन का हिसाब लिखेगा।
–व्यतीत के उस द्वार पर हम खड़े हैं जहां हमारे पास शेष हैं मात्र स्मृतियां।
–स्मृतियों का लेखा-जोखा लगाना भविष्य को नये कर्तव्यबोध का जिम्मा सौंपना है।

❑

–बहुत दूर गंगा किनारे एक जटाधारी बैठा है। उसके कंधे की हड्डियों ने हिलना बंद कर दिया है। इतने दिनों का व्यायाम भी साथ नहीं दे रहा। साथ उसका कुछ भी नहीं दे रहा। दे रहा है तो बस, एक सोच।

–सोच!

–बस, एक सोच। सोच यह कि मैंने ऐसा क्यों किया? सोच यह कि क्या मुझे ऐसा करना था। सोच यह कि मैंने जो किया, सब गलत था। सोच यह कि मैंने जो किया, सब ठीक किया।

–सोचने की सीमा अपरंपार है। वह कालातीत है, वह काल-बोध है।

–हो चुका जो स्वर्णमय भी हो सकता है। हो चुका जो निद्रा का भागीदार भी बन सकता है। निद्रा अंततः अंतिम सत्य है।

–जटाधारी अनुभवी व्यक्ति तब भी परेशान नहीं है। उसके सामने के परिदृश्य स्पष्ट हैं। उसने वही किया, जो उसने ठीक समझा। उसे पछतावा नहीं है, न ही वह परिणामों के प्रति चिंतित है।

–हाथ से फिसला हुआ समय भले ही लौटकर न आये, उसके किये हुए श्रम नष्ट नहीं होंगे। नष्ट क्या होंगे, वे अंकुरित भी हो सकते हैं। अंकुरित थे तो

पल्लवित भी हो सकते हैं। सब-कुछ हो सकता है, नष्ट नहीं हो सकते वे। नष्ट होने के लिए आने वाली सदी को अगली सदी की प्रतीक्षा करनी होगी।

❑

–प्रतीक्षा!

–पहले भी हमने प्रतीक्षा की थी। प्रतीक्षा के बाद हम नये भ्रम और कर्तव्यबोध से आगे चले थे।

–चलता हुआ हर पैर अंततः थकता ही है।

–थकता है तो अपना भार दूसरे पैरों को दे जाता है।

–भार की तरह प्रतीक्षा के द्वार भी किसी वायावीय महल की तरह खुलते हैं। इन खुले द्वारों से चित्रलेखा के आवरण ऊपर उठते हैं। ये आवरण एक भ्रम से दूसरे भ्रम को अपना भार देने का सान्त्वनाबोध है।

–नये उत्तरदायित्व के द्वार यहीं से तो खुलते हैं।

–जटाधारी का अंधकारमय प्रतिपक्ष नये प्रकाश के स्वागत और अभिनंदन का स्थिर क्षण है।

❑

–भूल जाइए इन सबको। आइए, कुछ सोच भी लें, अपनी समझ को कुछ खिला-पिला भी दें। समझ ही तो कालबोध है। वह असीम, अतीत और अनावृत्त है।

–समय आ गया है, हम अपना हिसाब-किताब चुकता कर दें। समय आ गया है, हम अपने बही-खाते बदलकर नए पृष्ठों में बदल दें।

–बहुत क्रूर और कठिन समय है यह। निर्मम कि यही हमारा, हमारे जीवन का, हमारे परिवेश का और हमारे संसार का इतिहास लिखेगा।

–लिखने दें उसे इतिहास को। विश्वास रखें अपने ऊपर, वह असत्य नहीं लिखेगा और न असत्य के स्वर उभरने देगा। इसी विश्वास के सहारे उस जटाधारी को अपना श्रृंगार बदलना होगा और एक नई सौंदर्य प्रतियोगिता का हिस्सेदार बनना होगा।

–सौंदर्य मात्र दृश्य नहीं है।

–सौंदर्य क्रियाकलापों की क्रियाशीलता अभिभूति भी है। हमें विश्वास रखना चाहिए इसलिए कि प्रतियोगिता का प्रतिफल अविवेकी नहीं होगा।

❑

–कालरात्रि से हम गुजर रहे हैं और आगे बढ़ रहे हैं। उभरते हुए उस प्रकाश की ओर जो अपनी संज्ञा से तो वही होगा, उसके विशेषण बदल जाएंगे।

–समझने के लिए मान लें हम कि कोई नया अतिथि हमारे द्वार पर दस्तक देगा। अतिथि-सत्कार मनुष्य मात्र का धर्म है।

–आदर पाना है तो आदर देना भी सीखना ही होगा। विश्वास पाना है तो विश्वास की आत्मा को पहचानना ही होगा। नहीं हो सकता यह कि हम तिरस्कार करें और आदर की आकांक्षा के आकांक्षी हों।

–चराचर विश्व मनुष्य की शक्ति, मनुष्य की समिधा, मनुष्य की बुद्धि और मनुष्य के चातुर्य का विस्तीर्ण वातायन है।

–इस बृहद परिप्रेक्ष्य में कोई किसी का न तो गुरु हो सकता है और न भक्त ही। गुरु और भक्त ढोंग के आवरण हैं जिन्हें अपरिपक्व मस्तिष्क और अधकचरी अवधारणाओं ने स्वीकारा है। नया अतिथि विवेकी है। वह अपने विवेक को गिरवी नहीं रखेगा।

–जन्म से मनुष्य महाबली है।

–मनुष्य ही विश्व का नियंता है।

–मनुष्य ही मनुष्यता के द्वारों को छलनी बनाकर अंततः ईश्वरीय वायुमंडल का स्वामी बनता है।

–पहचानें हम इसलिए अपनी सामर्थ्य को, अपनी शक्ति को और अपनी ऊर्जा को, ऊर्जा के भीतर की ऊर्जा को।

–पहचानें इसलिए भी कि परिवर्तन मात्र न तो समय-साध्य है, न समय-बोध है और न समय की सत्ता का सेवक है। परिवर्तन चलते हुए रथ का यह केंद्र-बिंदु है, जिससे समूचे रथ का संचालन होता है और वही गति की सीमा को भी निर्धारित करता है।

❑

–विस्तार से नहीं कहूंगा। संभवतः समय नहीं है कि विस्तार को सोचा, समझा और परखा जाए।

–यह अचानक नहीं है कि हम एक द्वार पार कर दूसरे द्वार तक पहुंचे हैं और दस्तक दे रहे हैं।

–हम निरंतर द्वार पार करते आए हैं और आगे पार करते रहेंगे। बढ़ते रहे हैं हम, जब तक हमारी सांसों ने हमारा साथ नहीं छोड़ा। वे यदि साथ छोड़ भी दें तो सारे वे अवयव जो हमने निर्मित किए हैं, नई सांसों को जन्म दे सकते हैं, उनके साथ चल सकते हैं और उनके सहभागी बन सकते हैं। बदलेंगी तो सांसें ही और सांसों में अपना कोई अर्थ नहीं होता।

❑

समय की कालातीत चेतना है मनुष्य होना।

–मनुष्य मानवता का वह प्रतिबोध है, जो विश्व-ऊर्जा के सभी सम्यकों को

पराजित कर अपना क्रीत दास बना सकता है और मकड़ी के जाले से फंसा सकता है।
—इस अलभ्य शक्ति का हमने कितना उपयोग किया है, आज का क्षण इसी चिंतन के लिए है। इसी क्षण पर कल के नाटक का परदा उठेगा और हमारी पहचान समय के बही-खातों में लिखी मिलेगी।
—आइए, स्वागत करें इस व्यतीत का जिसके साथ हमने पूरी एक सदी जी है। सदी यदि जी है तो न वह हमारी विवशता थी और न किसी ने हमें मजबूर किया था। सदी के साथ जीना कंधे-से-कंधा मिलाकर हर उस क्षण को जीना है, जो हमारे लिए और हमारी अवधारणाओं के लिए पीने का वह अमृत प्याला रहा है जिसे अपने-अपने ढंग से हम अपनी तरह ढालते रहे हैं।
—धोखा देना सबसे बड़ा अपराध है। हम अपने साथ जीने वाली बीसवीं सदी को कभी धोखा नहीं देंगे। धोखा नहीं देंगे इसलिए भी कि उसका इतिहास हमारे जीवन-क्रम और हमारी जीवन-चर्या के साथ-साथ चला है।
—साथ जो चला है, वह मित्र है और मैत्री के मानदंडों को तिरस्कृत करना पाप के द्वार में उद्दंडता का ठोका हुआ कीला है।
—भागता हुआ समय हमें किसी धोखे का अपराधी बनाकर न छोड़ जाए, इसी के साथ अलविदा! अलविदा! मेरे दोस्त, मेरे सबसे प्यारे दोस्त, प्रतीक्षा नहीं है कल सुबह की मुझे, जो स्वर्णजड़ित मुकुट से स्वागत करने का आश्वासन दें।
—आश्वासन देना उतना ही सहज है जैसे कबूतरों को चारा डालकर यह सोच लेना कि मेरे क्रियाकलाप उनके सहभागी हो जाएंगे और हम हर विपदा से उबर जाएंगे।
—नहीं, हम ऐसा नहीं होने देंगे।
—प्रणाम, मेरे साथ चलती सदी, व्यतीत होती बीसवीं सदी, प्रणाम तुम्हें। तुम्हारे हर संकट में हम तुम्हारे साथ रहे हैं।
—साथ रहेंगे और आने वाली सदी का स्वागत भी हम तुम्हारे द्वार पर बंदनबार सजाकर करेंगे।
—अलविदा, मेरी दोस्त!
अलविदा, मेरी सहचरी!
अलविदा, मेरी सहभागिनी। अलविदा मेरी भावी भगिनी।

वह दीप जलाती रहेगी

–वह दीपक जला रही थी और कोई अलक्ष्य हाथ उसे बार-बार बुझा जाता था।
–उसने पूछा, 'कौन हो तुम?'
–उत्तर में एक अट्टहास प्रतिध्वनित हुआ, ' मैं शाश्वत सत्य हूं। न मुझे बांधा जा सकता, न मिटाया जा सकता, न तोड़ा जा सकता और न बांटा जा सकता! मैं अंधकार हूं।'
–सतत प्रयत्न करने के बाद भी वह युवती दीपक नहीं जला सकी!
–युग-पर-युग बीत गए, अंधेरा नहीं गया, दीपक चिरंतन नहीं रह सका!
–इसलिए अंधकार एक सत्य है और जीवन की अनिवार्य नियति है।
❑
–अंधकार से विद्रोह एक निरंतर प्रक्रिया है। कवियों ने उस पर विजय के स्रोत खोजने की अपेक्षा, हमें भटकाया अधिक है।
–कहा गया है : दीपक महाज्योति है। दीपक महाशक्ति है। वह प्राणवायु है और अंधकार पर शासन करता रहा है।
–सत्य क्या इनसे विपरीत नहीं है?
–ज्योति पर निरंतर आक्रमण करते हुए पतंगे एक स्वर नहीं छोड़ते!

हम आशिक हैं अंधेरे के...
जलकर तुम उसे बुझाना चाहते हो?
इसलिए हम...
बार-बार तुम पर आक्रमण करते हैं!

–पतंगे अंधकार-प्रिय हैं, इसलिए वे प्रत्येक ज्योति पर टूट पड़ते हैं।
–थके हुए क्षणों के लिए अंधेरा आवश्यक है!
–अंधेरा अनिवार्य है, प्रकाश की प्रतीक्षा के लिए।
–रात अनिवार्य है, नये जीवन के लिए।
–जिन देशों में सूर्य नहीं डूबता, वे बनावटी अंधकार बनाकर कमरे में छिपते हैं।

–सच यह है कि प्रकाश ही जीवन नहीं है। दुनिया का सारा सुख आदमी को पागल बना देता है।

–संपत्ति और समृद्धि की प्रतीक लक्ष्मी का वाहन दीपक नहीं है।

–दीपक प्रेमी का इष्ट नहीं है, वह प्रेम में बाधक है।

–दीपक स्वयं में कोई शक्ति नहीं है। उसे शक्ति देने वाला स्नेह जब समाप्त हो जाता है, ज्योति लड़खड़ा उठती है।

–दीपक के प्रतीक, चाहे वे प्राकृतिक हों या मशीनी, शाश्वत नहीं हैं।

–नश्वर और सामर्थ्यहीन दीपक तब दूसरों को कितना, क्या दे सकता है?

❑

–अंधकार महाबली है, अनंत है। वह सहस्त्र दीपकों के प्रकाश को भी आत्मसात् कर लेता है।

–महाअंधकार के बीच जलती एक दीप-ज्योति चिता की भयावह अग्नि का आभास देती है।

–विज्ञान ने यह सिद्ध कर दिया है कि अपराध अंधकार में नहीं, प्रकाश में अधिक होते हैं। (वैज्ञानिकों का कहना है कि पूर्णिमा की रात्रि अपराध का अग्रणी केंद्र है, क्योंकि महासागर की तरह मनुष्य के भीतर के जल पर भी चंद्रमा का प्रभाव पड़ता है।)

–सभी विकसित और प्रकाशित हो जाएं तो भेद की संज्ञा कहां रहेगी?

❑

–अंधकार यदि बुराइयों का प्रतीक है, अर्थ यह हुआ कि मनुष्य केवल अच्छाइयों से अपूर्ण है।

–उसे पूर्णता की ओर ले जाने वाली शक्ति प्रकाश है।

–उसी को पाने के लिए मनुष्य सतत संघर्षरत है।

–अपनी दौड़ में वह अंधकार पर थूकता है और उसे गालियां देता है।

–और निरंतर संघर्ष करते हुए, अंधकार को पराजित न कर सकने की अपनी अक्षमता के सामने वह दीपक का सहारा लेता है।

–तो आओ, आज हम एक सत्य को पहचानें–अंधकार की सत्ता को स्वीकारें और उसके बीच प्रकाश की किरणें पैदा कर अपने साथ अंधेरे को भी बदलते चलें।

–अन्यथा वह दीप जलाती रहेगी और अंधकार उसे पीता रहेगा।

नई सदी का तिलक

–मुझे भारतीय उपनिषदों की याद आ रही है। उपनिषद्कार महाज्ञानी थे। उन्होंने सृष्टि को एक सत्ता के रूप में देखा था। वह किसी भी देश का हो, किसी भी कालखंड का हो, समस्त विश्व उसकी क्रीड़ा भूमि रहा है–अहम एवं इदम् सर्वमस्मि।

–उपनिषद्कार का मन गहरे पानी की तरह स्वच्छ और अगाध चिंतन से भरा था।

–मनुष्य और मनुष्य के बीच न कभी उसने भेद किया और न बिगाड़ने की कल्पना की।

–विश्व की जीवन-शक्ति एक है।

–एक ही जीवन-शक्ति के मूलतत्त्व से सभी कुछ सृजित होता है।

❑

–जरा ध्यान से देखिए : हमारे मूल में यानी सृष्टि के मूल में परगतत्त्व कितने हैं–मात्र एक। इसी एक की व्याख्या अनेक रूपों में की जाती है, की जा सकती है।

–महासागर हो या महानद अथाह पानी में जहां-जहां सीपियां होती हैं, उन सबसे एक ही रत्न निकलता है, वह है–मोती।

–मोती एक–सा नहीं होता, उसके गुण-भेद हो सकते हैं, लेकिन कहलाएगा तो वह मोती ही।

–मोती की तरह सत्य एक है।

–सत्य एक है, प्रज्ञा के द्वार पर वह अनेक स्वरूप लेता है। अनेक तरह से उसकी व्याख्या की जाती है।

–तब मोती एक है, सत्य एक है तो मनुष्य भी एक है और मनुष्य की सृष्टि भी एक है।

–सृष्टि को हमने राष्ट्रों, महाराष्ट्रों, द्वीपों और गलियों में भले ही बांट लिया हो, वे समगुणक हैं।

–उपनिषद् की इसी व्याख्या को वेदांत ने भी स्वीकारा है। उपनिषद् ने कहा है सत्ता का अस्तित्व चित्त है और चित्त सचेत है, सजीव है और सप्राण है।

–समस्त संवेदनाओं का मूल-केंद्र चित्त है।

–संवेदनाओं के कारण ही विश्व का अस्तित्व है। अस्तित्व की आधारशिला पृथ्वी है। प्रकाश का केंद्र सूर्य है। शांति की ज्योति चंद्रमा है। वातायन दिशाओं से घिरा है। इसी में श्रवण शक्ति निहित है। यहीं ध्वनि प्रतिध्वनित होती है और सारे ब्रह्मांड में पहुंचती है।

–इस समूची समझ को परख लिया जाए तो निष्कर्ष होगा कि जो कुछ हो रहा है, वह सर्वत्र व्याप्त है। आज जो यहां है, वह वहां भी है। कुछ यहां होता है तो सर्वत्र होगा, अभी नहीं तो गति के साथ कुछ समय बाद।

–इसलिए कोई कहे कि हमारी उपलब्धि मात्र हमारी है तो वह एक विगलित झूठ में जी रहा है।

–उसका झूठ ठीक वैसा ही है जैसे उपनिषद्कार ब्रह्म के अस्तित्व को अपनी चेतना का मूल मंत्र मानते हैं और कहते हैं कि यहीं से आनंद की स्वर लहरियां उभरकर सर्वत्र फैलती हैं। इसके विपरीत हम कहें कि नहीं, यह उपनिषद्कारों की भूल है। आनंद हमारी मुट्ठी में है और उसके प्रतिफल भी अलग हैं तो यह मिथ्या चेतना होगी। उपनिषद्कार का सत्य प्रबल है।

–क्षणिक यह लग सकता है। इसी ने राष्ट्रों को छोटा-बड़ा, कमजोर या शक्तिशाली बनाया है।

–अपनी आत्मशक्ति को उद्घाटित कर लें तो आनंद की अपनी धारणा होगी।

–आनंद का अपना स्वरूप और संसार होगा।

–ऋषि सनत कुमार ने स्वीकारा था कि विराटत्व में ही आनंद है।

–आनंद अनंत शक्तियों और सामर्थ्यों में विभाजित-सा दिखता हुआ भी एक है।

–ब्रह्म की व्यापकता रस और रूप में है। रस से रसिकता आती है और रूप से स्वरूप साकार होता है।

–हमारी सारी चेतना शक्ति, रस और रूप को पाने की है।

–ईशावास्योपनिषद ने स्पष्ट कहा है कि जगत में जो कुछ प्राप्य है, परमश्रेष्ठ ईश्वर की देन है।

–वही ईश्वर खुले हाथों से रस बांटता है, रूप देता है।

–बांटे हुए को स्वीकारो। स्वीकार से जो शेष हो, उसे बांटो। बांटने की भावना में ही आनंद है। इस आनंद की अनुभूति की जानी चाहिए।

–हमने जितना कुछ उपलब्ध किया है, मिलकर और बांटकर लेना चाहिए।

–उपभोग और उपभोक्ता के बीच संस्कार होना जरूरी है। यही संस्कार हमें भक्ति रस में समाहित कर देता है।

–रस की यह धारा ही आनंद है।

–हम एक आनंद की उपज हैं और हमारा जन्म मात्र आनंद पाने और भोगने के लिए हुआ है।

–इसके बीच व्यवधान चाहे व्यक्ति का हो या व्यक्तियों का हो, देश का हो या देशों का हो, वे दंड के भागीदार हैं।

❑

–मैंने आज का प्रकरण उपनिषदों से सोच और समझ के साथ उठाया है। इस समय हमारी चेतना कई दिशा कोणों में काम कर रही है।

–हम भावविभोर हैं। हम आत्मशक्ति से आवंटित हैं। हम अपनी उपलब्धियों की बात करते हैं। हम भावी विश्व का नया मानचित्र बनाने में जुटे हैं।

–भावी विश्व का मानचित्र भी तो पाने की आकांक्षा है और पाना है तो रस चाहिए, पाना है तो आनंद चाहिए और पाना है तो स्वरूप और सीमा चाहिए।

–नाम हम विज्ञान का दे दें, क्रियाभूमि हमारी भले ही अंतरिक्ष बनने लगे, अंतत: उपलब्धि की साधना और संवेदना की सार्थक संज्ञा मात्र आनंद पाना है।

❑

–एक सदी बीत गई

–सौभाग्यशाली हैं हम, हमने पूरी एक सदी अथवा उसका अर्द्धांश या शेषांश देखा है। देखा तो है।

–हमारी ज्ञानधारा सदैव गवाह रहेगी कि बीसवीं सदी की रसधारा हमने देखी है और बीसवीं सदी का कड़ुवापन भी झेला है।

❑

–हम नई सदी में प्रवेश कर गए हैं।

–आज हम इक्कीसवीं सदी के प्रथम सूर्य की प्रथम रजत-रश्मि को देख रहे हैं। यह भी हमारे जीवन-इतिहास की सौभाग्यशाली टीका है। हमने अपने माथे पर नई सदी के सूर्य का पहला तिलक लगाया है।

–हम जब तक रहें, जितने दिन रहें, यह तिलक हमारे नए होने का परिचय देता रहेगा।

–उपनिषद्कारों के साथ हम-सब भारतवंशी सगर्व खड़े रहेंगे।

–आज जो दूसरे सोचते हैं, सदियों पहले हम सोच चुके हैं।

–सदी बदल गई है, हमारी ही नहीं, समस्त विश्व की चेतना प्रस्तर में लिखे अमिट अक्षरों से आज भी वैसी ही है।

—हम पूछ सकते हैं, इक्कीसवीं सदी आ गई तो क्या? क्या-क्या हुआ?

—हमारे अध्येता तो सदियों पहले सोचकर लिख गए हैं या कह गए हैं, हम गौरव से उद्घोषित कर सकते हैं कि आज नया हमारे लिए कुछ भी नहीं है।

—हमारे लिए क्या विश्व के लिए कुछ भी नहीं है।

—दुनिया के दोस्तो! आओ, हमारे साथ हमारे उपनिषद्कारों की दुनिया में चलो। देखो, नया क्या खोज लोगे।

—आनंद वही है।

—सत्य वही है।

—ज्ञान वही है।

—एक हो, एक होकर अनेकता के भागीदार बनो और महाज्ञान का अक्षत-तिलक अपने माथे पर लगाओ।

—आओ, नई सदी का पहला तिलक मैं तुम्हारे माथे पर लगाता हूं : खोज लो वही आनंद अपने ढंग से, खोज लो वही सत्य अपने मन से और जीवन की क्रियाशीलता को बदल लो अपने रंग से।

—अंतिम बार फिर : यह तिलक मैंने लगाया है, हां मैंने, अपने पूर्वजों के मात्र एक उत्तराधिकारी ने!

प्रतिबोध

श्मशान-वैराग्य

–अपने एक आत्मीय मित्र को श्मशान में निश्चेष्ट पड़ा देखकर अचानक मन कांप उठा। लगा समूची मानव-शक्ति के लिए वह एक चुनौती है। एक आवाज जैसे उठी, 'सब-कुछ कर जाने और पा लेने का दंभ भरने वाले मित्र, विवश क्यों खड़े हो? मुझे अपने साथ खड़ा नहीं कर सकते?'

–आवाजों का दायरा घेर लेता है : सत्यवान ने भी यही प्रश्न सावित्री से किया था!

–नचिकेता के मन में अमरत्व की प्राप्ति का वरदान मांगने का दृढ़ संकल्प उठा था। उसने यम-सदन में पहुंचकर अनुभव किया था कि मनुष्य अन्न के समान पकता है और अन्न की तरह ही जन्म ग्रहण करता है।

–दोनों क्षणिक विजयी होकर भी अन्ततः पराजित हुए।

–अश्वत्थामा की शाश्वतता का आडंबर ओढ़कर मात्र एक 'मिथ' ही पैदा किया जा सकता है!

–निश्चेष्ट पड़े अपने आत्मीय मित्र को एक कंपन देना भी हमारे वश में नहीं है!

–'श्मशान-वैराग्य' उस क्षण सब-कुछ ले सकता है–उदारता, वैयक्तिकता, आत्मीयता और संपत्ति भी!

–उसके बाहर?

–जीवन और मृत्यु का अंतर यहीं से शुरू होता है। पृथ्वी का आरंभ मिट्टी है, किन्तु उसका अंत आकाश है!

–अंकुर फूटते ही इतिहास शुरू हो जाता है और आकाश में पहुंचते ही इतिहास-चक्र समाप्त हो जाता है!

–शेष स्मृतियां इतिहास नहीं, अवशेषों के लिए शेष इतिहास का माध्यम है।

–मृत्यु समूची मानवता की हत्या है!

–वह शाश्वत रात्रि है और इच्छाशून्य एक खोखला जल-चक्र है।

–काल का वह दुःखजनक फेन है।

–वह मात्र एक 'क्रॉस' है, जिसका अर्थ आगे के लिए गतिहीनता है।
–उसी क्रॉस को गले में धारण करना मृत्यु के साथ खेलना है!
–आत्मा और शरीर–जैसा भेद–भ्रम बुद्धि–संपन्न व्यक्ति स्वीकार नहीं कर सकता!
–गीता में कृष्ण ने अमर आत्मा को मात्र अपनी लक्ष्य–पूर्ति का एक माध्यम बनाया था। उसके बिना न महाभारत होता और न कृष्ण के महाबलशाली व्यापक व्यक्तित्व का उद्घाटन होता!
–विज्ञान की अनगिनत उपलब्धियां आत्मा को नहीं पकड़ सकीं! सभ्यता के विकास का कोई अंतिम स्वर जीवित मस्तिष्क को कैद नहीं कर सका।
–हम वास्तव में विचारों की उधार ली हुई शक्ति के सहारे अपनी महानता के गीत गाते हैं।
–अपना लक्ष्य आज तक हम निर्धारित नहीं कर पाए।
–क्रॉस को देखकर भय खाते रहना और बांसुरी के स्वरों में आनंद की खोज के लिए भटकते रहना हमारी अनिवार्य नियति है!
–इसी के सहारे हमने सिद्धांत बनाया : आनंद हमारा लक्ष्य है! आंसुओं के खारे स्वाद में, मदिरा की कड़वाहट में, साधना के लिए कृश करते शरीर में आनंद की खोज हमारा प्रयास है!
–आनंद क्षण में होता है, वह मात्र वर्तमान है। अतीत से न उसका कुछ लेना–देना है और न भविष्य के साथ कोई तारत्म्य है!
–आनंद के एक क्षण में अभिभूत होकर सोचा जाए तो आत्मा एक सांप के समान लगेगी।
–उसके दांत तोड़ दीजिए, आपके साथ रहेगी, दांत फिर निकलते ही वह आपको ही डसेगी!

❑

–बुद्ध ने आनंद की खोज करनी चाही थी, वह राजसी वैभव और तपस्या के अंत तक पराजित ही रहे!
–अपने मित्र की चुनौती मैं मात्र इस रूप में ग्रहण कर सकता हूं कि 'श्मशान–वैराग्य' से उबरते ही उसके नाम का भी एक जाम पी लूं!

पारदर्शी मत बनो

–मेरे धर्मगुरु ने आकर एक दिन कहा, 'जीवन को पारदर्शी रखो। यही सफलता का मूलमंत्र है।'

–'जीवन को पारदर्शी रखो' सुनते ही मेरी मानसिक चेतना ने विद्रोह कर दिया।

–जीवन इतना सहज नहीं है, जैसा सोचा या देखा जाता है।

–आदमी हर पल, हर क्षण एक-सा नहीं होता। बुद्धि की चैतन्य दृष्टि उसे भ्रमित करती रहती है। यह भी कह सकते हैं कि वह दृष्टि सम्यक्-मार्गधर्मी है, फिर...?

❑

–किसी का जीवन पारदर्शी नहीं रहा और न रह सकता।

–महान पुरुषों के नाम गिनाकर विवाद नहीं पैदा करना चाहूंगा।

–मनुष्य क्षण-जीवी है।

–मनुष्य की मेधा सरल और समतल मार्गों का विरोध करती है। वह एक रास्ता बनाती, उस पर चलती है। चलकर जब चाहे छोड़ भी देती है।

–मनुष्य ब्रह्मचारी नहीं है। कोई भी मनुष्य ब्रह्मचारी नहीं रह सकता, कभी रहा नहीं। वह परिस्थितियों और कालखंडों में विभाजित चेतनाओं के साथ चंद्रमा की तरह घटता-बढ़ता रहता है।

–अपनी सोच को कोई बदलता है तो वह चिंतन और चेतन मस्तिष्क का धनी मनुष्य है।

–लीक को वही तोड़ता है और नये रास्तों और नये आयामों का निर्माण करता है।

–विज्ञान की समग्र बोध-गंध मनुष्य की नेत्रदृष्टि की मात्र एक पल-झपक है।

❑

–स्वीकार लीजिए : मनुष्य पारदर्शी नहीं हो सकता। मनुष्य पारदर्शी नहीं है, यही उसकी परम स्वामित्व की परख है।

–प्रश्न उठता है तब?

–उत्तर भी स्पष्ट है : स्वच्छ दृष्टि।

–स्वच्छ दृष्टि होने से सब-कुछ पारदर्शी हो जाता है।

–स्वच्छ दृष्टि शुद्ध ज्ञान की परिचायक है।

–शुद्ध ज्ञान होगा तो विवेचना के केंद्र अनावश्यक हो जाएंगे।

–सत्य की परख स्वच्छता से होती है।

–सत्य अथवा सात्त्विकता ज्ञान और ज्ञाता दोनों को जोड़ती है। जोड़ती भी है तो इस तरह जैसे सूर्य कभी अंधकार को नहीं देख सकता। सत्य प्रकाश के परे प्रभामंडल की महिमामंडित आभा को भी देख लेता है।

–एक चेहरा देखिए, देखिए तो, उसका प्रभामंडल तत्काल सामने होगा। प्रभाशून्य चेहरा आभाशून्य होगा। आभाशून्य क्षेत्र रेतीला रेगिस्तान है। उसकी चिंता कोई क्यों करे?

–सूर्य की तरह महाशक्तिशाली सागर है, महासागर है।

–सागर और महासागर में सैकड़ों नदियां मिलकर अस्तित्वहीन हो जाती हैं। वहां पहुंचकर गंगा की विराट पवित्रता, यमुना की अद्‌भुत क्षमता और मिसीसिपी मिसौरी–जैसी भारी नदियां भी मनुष्य जीवन की अंतिम यात्रा की तरह अपने समाप्त अस्तित्व का तर्पण देखती हैं।

❑

–मेरे धर्मगुरु कहते हैं, जीवन को पारदर्शी रखो, मैं विनम्र होकर पूछना चाहता हूं–

- नदियां अपना अस्तित्व नहीं रख सकीं।
- आदमी कभी अपनी छाया को छू सका है!
- नमक को कोई, कभी पानी से धो सका है!
- पानी पाने के लिए कोई उसे लहरों से छान सका है!
- यह असत्य तो नहीं है कि सभी गतिमान अनगव परिधि रेखा से परे हैं।
- यह भी मानना होगा कि हमारा शरीर भी हमारा नहीं है।
- यह भी मान लीजिए कि आपका मन आपका है, पर आपके हाथ नहीं हैं।
- मन की भटकन कोई बांध नहीं सकता।
- मन की तरह शरीर है, शरीर को लचीला बनाने का ज्ञान देने वाले उसे नवजात शिशु की तरह लचीला तो नहीं बना सकते।
- दृष्टि है, परंतु दृष्टि केवल प्रकाश देखे, अंधेरा अस्तित्वहीन है, कोई स्वीकार करेगा?
- जीवन प्रेम का परमतत्त्व है। प्रेम से ही आकार मिला है उसे, लेकिन अनचाहे प्रेम नहीं किया जा सकता।
- प्रेम अद्‌भुत, अमूल्य है। वह जादूगर की तरह नाटकीय ढंग से खेलता है।

प्रेम कभी स्थिर रहा है? प्रेम स्थिर रह नहीं सकता, क्योंकि प्रेम का लारवा एक ऐसी मकड़ी बनाती है, जो जाला बनाकर ही ठहर नहीं जाती। मकड़ी जाला बनाती है शिकार के लिए। प्रेम का जाला बनाने वाली मकड़ी मन की पवित्र गंगा की वह बूंद पकड़ती है जो कभी सड़ती नहीं, गलती नहीं।

- तब स्पष्ट हुआ कि प्रेम से ही मनुष्य जीवन अंकुरित हुआ है। यह सत्य है, परंतु वह अपने ही निर्मित कम्प्यूटरों, चेतनाओं, घेरों, शब्दों और अर्थों का विश्लेषण एकदम अलग ढंग से करता है। कारण यही है कि प्रेम होता है, प्रेम खोता है, प्रेम धोता है, प्रेम बहा देता है। प्रेम जोड़ता है, प्रेम तोड़ता भी है। प्रेम देहाकार होता है तो वही प्रेम एक अनजाने क्षण में टुकड़े-टुकड़े हो जाता है।

❑

—कितने विरोधाभासों के बीच हमारी जीवन नौका चलती है। चलती है और एक दिन उसमें छेद हो जाता है। जिस पानी ने उसे संबल दिया था, वही उसे डुबोकर अपने भीतर खींच लेता है।

—इसे समझने के लिए एक और सत्य को पहचानिए :

- मनमाने अपयश किए जाएं। एक तंत्र है—विनय। विनय सबको समाप्त कर तरोताजा बना देता है।
- क्रोध की भयंकर चिनगारियों को कौन दबा सकता है—मात्र क्षमा। क्षमा क्रोध को कोहरे की तरह साफ कर देती है और स्वयं सूर्य का काम करती है।

—जीवन के कठिन रास्ते समझ के द्वार बंद कर देते हैं। समझ के द्वारों को अंत में धर्म खोलता है, ठीक उसी तरह जैसे असत्य के सहस्त्र परदों को सत्य जीतता है। जीवनी-शक्ति क्रोध में नहीं है।

—क्रोध को सहज ही क्षमा जीत लेती है। क्षमता जिसमें है उसमें क्षमा भी होगी और उसी क्षमतावान की क्षमा क्रोध को विनष्ट कर देगी।

❑

—लीजिए, हम पास पहुंच गए हैं।

—मन कभी स्थिर नहीं रहता। मन की भटकन को रोकना सहज नहीं है। मन की भटकन रुक ही नहीं सकती, वह दिशाएं बदल सकती है।

—मनुष्य शरीर अजनबी तत्त्वों का समन्वय है। इसका निर्माण ही अनजाने, अनचीन्हे, अनचाहे और असमय के पलक झपकते पलों में होता है।

–होता है, यहां तक माना जा सकता है, इन क्रियाओं के कर्ता अंततः अदृश्य हो जाते हैं।
–अर्थ हुआ हमारे निर्माता स्वयं असंयमित हैं और अदृश्य हैं।
–अदृश्य शक्तियों से जो भी निर्मित होगा, उसे उन सबका पाप भोगना होगा।
–पाप भोगना है तो किसने कहा है कि हम पारदर्शी बनें।
–नहीं, मनुष्य पारदर्शी नहीं बन सकता।
–प्रत्येक मनुष्य की अपनी क्षमता है। क्षमता का प्रबल तार पारोत्लन से नहीं आंका जा सका।
–मित्र, पारदर्शी मत बनो, अपनी दृष्टि स्वच्छ रखो। स्वच्छ रहने वाला हमेशा निरोगी होता है।

मन एक आकाश

–प्राचीन अफ्रीकी कबीलों का विश्वास था कि अंतरिक्ष में एक नहीं, तेरह चांद हैं।

–उनका यह विचार भी था कि यदि वे कोई ऊंची दीवार बनाने में सफल हो जाएं तो उस पर चढ़कर एक चांद भूमि पर ला सकते हैं।

–इस विश्वास की खोज में कुछ नवयुवक चल पड़े और उन्होंने एक ऊंचा पहाड़ खोज निकाला।

–पहाड़ खोज लेने के पश्चात् कबीले के सरदार ने अधिक-से-अधिक लोगों को चांद के शिकार के लिए एकत्रित होने का आह्वान किया।

–थोड़ी ही देर में वह पहाड़ चांद के शिकारी नवयुवकों से भर गया।

–नवयुवकों के हाथ में बाड़ बनाने के लिए लम्बे बांस, घने वृक्षों की डालियां, लकड़ी और वृक्षों की छालें थीं।

–अपने सरदार के निर्देश पर सभी युवकों ने मिलकर पहाड़ के सर्वोच्च शिखर पर एक गगनचुम्बी स्टेज चांद के शिकार के लिए तैयार कर लिया।

–स्टेज बन जाने के बाद नवयुवक अपने लम्बे-लम्बे बांस लेकर उस पर चढ़ गए–इन समस्त बांसों को रस्सियों के द्वारा एक-दूसरे से मिलाकर मजबूती के साथ खूब लम्बा बांध दिया गया, क्योंकि उसी के द्वारा शिकार करना था।

–रात होते ही कबीले का सरदार अपने साथियों के साथ चांद के शिकार के लिए आगे बढ़ा।

–बहुत से प्रयत्नों के बावजूद उसके बांस चांद तक नहीं पहुंच सके तो वह चिल्लाया–'कुछ और बांस लाओ।'

–बांसों की खोज शुरू हुई, किन्तु उस पहाड़ी पर भला और बांस कहां थे! तभी स्टेज के सबसे नीचे खड़े व्यक्ति ने आवाज दी, 'ठहरो, मैं बांस देता हूं।'

–उसने शीघ्रतापूर्वक स्टेज के नीचे का एक मजबूत दो-शाखा बांस, जिस पर स्टेज टिका हुआ था, खींचकर निकाल लिया।

–उसके निकलते ही चीख-पुकार से सारी घाटी गूंज उठी।

–थोड़ी ही देर में सरदार अपने सभी साथियों के साथ मृत्यु की गोद में पहुंच गया। ऊपर का चांद उसी तरह औंधा लटका उन्हें अपलक घूरता रहा।

–युगों पहले का यह अबोध विश्वास आज की सच्चाई है। हमारे मन का द्वंद्व चांद के शिकार की कल्पना से किस तरह कम है?

–कल्पना से कल्पना कटती है, लेकिन अकल्पना करने वाला मन नहीं कटता और काटना कल्पना को नहीं, मन को ही है!

–लेकिन मन एक आकाश है! और भूल तो आकाश की ही है कि वह पृथ्वी पर नहीं है!

मंदिर का रास्ता

–विख्यात दार्शनिक लाओत्से न किसी की बात सुनना चाहते थे और न किसी के अनुभवों को सत्य मानने के लिए तैयार थे, 'जो देखा सो सत्य, बाकी शून्य है।'

–महात्मा कबीर ने दर्शन का दूसरा पहलू दिया :

यह चादर सुर-नर-मुनि-ओढ़ी
ओढ़ के मैली कीन्ही चदरिया
दास कबीर जतन से ओढ़ी
ज्यों-की-त्यों धर दीन्ही चदरिया।

–दोनों दार्शनिकों में मूल भेद है, आत्मिक चेतना का। यह हो सकता है कि आंखों देखा सत्य हो और यह भी कहा जा सकता है कि बाकी शून्य है, लेकिन शून्य पर पहुंचकर फिर सब सत्य लगने लगे और वही शून्य आगे खिसक जाए तो?

–हमारी दृष्टि सीमित है, हमारी श्रव्यता बंधी है, हमारा ज्ञान अज्ञान से जरा ही खिसक सका है, ठीक वैसे ही जैसे धरती समग्र विश्वमंडल का एक छोटा-सा नीलम मात्र है।

–अग्नि, वायु और जल की सत्ता निरंतर सत्य को चुनौती देती रहती है। इसलिए जब आदमी आकर असहाय ठिठक जाता है, तब जन्म-जन्मांतरों की कल्पना करने लगता है।

–वह अपने-आपसे विश्वास खो देता है और दूसरों के विश्वास को पानी में बहते तिनके की तरह पकड़ने के लिए दौड़ पड़ता है। उसके सामने सत्य और असत्य का नहीं, अपनी जीवन-रक्षा का प्रश्न है।

–कबीर ने महासत्य को पा लिया था, कहना बहुत सही नहीं होगा, लेकिन अनुभव की शिला पर तवे में सिंकती हुई रोटी की तरह अवश्य उन्होंने अपने मन, शरीर और आत्मा को सेंका होगा या सेंकना पड़ा होगा, तभी तो उन्होंने सुर-नर-मुनि सबको गलत बताकर अपनी श्वेत चादर यूं तान दी–जैसे कोई रेगिस्तान में झूठे पानी का महासागर लहरा देता है।

❑

–वास्तव में कबीर के पास अनुभव की चादर थी, इसलिए उन्होंने दूसरा उद्घोष भी किया था, 'जो घर फूंके आपना चलै हमारे साथ।'

–कबीर घर फूंक चुके थे और उसका धुआं निरंतर उनके भीतर समाये रहने के बाद शुद्ध होकर ओषजन वायु में बदल चुका था।

–दूसरे अब भी प्रतीक्षा में हैं कि घर फुंके, तब हम इसे मानें। लाओत्से सुई की नोंक पर खड़े होकर आज के सत्य और कल के शून्य को देख रहे थे।

–गलत वे भी नहीं थे, ठीक वैसे ही जैसे यह कहना कठिन है कि आदमी पानी को पीता है या पानी आदमी को पीता है।

❑

–प्रत्येक व्यक्ति के अनुभव समय, सीमा और स्थितियों के अनुसार अलग होते हैं।

–अनुभवों के लिए न तो आयु की कोई सीमारेखा खींची जा सकती है और न यातनाओं का मेरुदंड स्थापित किया जा सकता है।

–प्रमाण हैं, मृत्यु का वरण करते समय एक ने अपने देश की मिट्टी का जयघोष किया था, तो दूसरा फांसी के तख्ते पर पहुंचने से पहले ही बेहोश होकर मर गया था।

–एक कहावत है–'बच्चे और बूढ़े में अंतर नहीं होता।'

–अनुभव का आधार आयु होती तो यह कहना सरासर अन्याय होता। बहुत अंशों में कहावत सही है, अंतर यही है कि बच्चा मोमबत्ती की जलती हुई लौ को अपनी हथेली में पकड़ लेता है और वृद्ध उसे बिना पकड़े बुझा देता है।

–गंतव्य दोनों का एक है–प्रकाश को नष्ट करना। ज्ञान से दूर भागना। सामने के सत्य को झुठलाना और तीव्रतम गति से बहते हुए पवन-वेग के बावजूद हाथ में पंखा लेकर अपनी देह पर झलना।

–मुश्किल तो यह है कि मानव-मात्र द्वंद्व में जीता है–हां और न के बीच वह अपनी आयु के सुख के उन क्षणों को भी अखबारी कागज की तरह जलाकर राख बना देता है, जो उसे जीवन के नये मोड़ पर लाकर खड़ा कर सकते थे।

–द्वंद्व का यह छल प्राप्ति के मार्ग का कांटा है और अनुभव की लकीर को मेटने वाली झाड़न है।

–कमल और बरगद की जिंदगी तराजू में हमेशा तौली जाती है। कमल 12 घंटे खिलने के बावजूद अपने सौंदर्य का अनश्वर और अक्षय आभास छोड़ जाता है, जबकि तीन सौ वर्ष जीने के बाद बरगद जब उखड़ता है, तब जड़ भी जमीन में शेष नहीं रहती।

–बरगद की छाया और कमल के फूल के सौंदर्य में अंतर है। छाया मात्र श्रम के दर्द को सुखाने वाला स्याहीसोख है, तो आदमी की आंखें और आंखों में समाने वाला सौंदर्य समूचे शरीर के रक्त-प्रवाह को उसी प्रकार छानकर शुद्ध करता है–जैसे प्रेम आयु की टूटन को छलनी की तरह छानता जाता है।
–प्यार के बिना जिंदगी व्यर्थ है। आंखों के बिना सौंदर्य मात्र जलकर बुझा हुआ कोयला है और लंबी जिंदगी कैदी के पैर में बंधी हुई वे भारी बेड़ियां हैं जिनका वजन शरीर से ज्यादा होता है। वह शरीर उन बेड़ियों का भार ढोता है।
–बंधनों के भार से शरीर की मुक्ति ज्यादा बड़ा वरदान है।

❑

–कुछ मित्रों ने संशय में डालकर प्रश्न किया है, 'आयु और अनुभव का क्या संबंध है?' इतना कुछ कहने के बाद जो शेष रह जाता है, वह मात्र इतना ही है कि अनुभव की नियति और आभास का आधार आयु है, लेकिन अनुभव की भारहीनता का मापदंड आयु की लंबाई का 'टेप' नहीं है।
–अनुभव पाने के लिए महात्मा बुद्ध ने अपने शरीर को नष्ट कर दिया और अंत में वहीं वापस आए, जहां से गए थे–खाली हाथ गए थे, खाली हाथ लौटे। अनुभव ने उन्हें एक ही बोध दिया कि अपनी आत्मा को प्रकाश के उच्चतम शिखर पर आसीन कर दो और उसी से ज्ञान का एक घेरा बन जाएगा।
–स्वामी रामतीर्थ थोड़े दिन जीवित रहे और ज्ञान-सागर के अमृतकण इतने गहरे छोड़ गए कि अब भी उनके बीज पनपकर वृक्ष बन रहे हैं।
–ईसा की जिंदगी तो बचपन की धूल से ऊपर ही उठी थी कि अनुभव की धूल ने उन्हें 'क्रॉस' पर चढ़ाकर अमर बना दिया।
–ऐसे प्रसंगों की कमी नहीं है, लेकिन हमें कल शाम झुकी कमर और हाथ में लाठी लिए उस वृद्ध की याद आती है जिसकी सारी जिंदगी इसी मोहल्ले में कटी है और जो हमसे रोककर पूछ रहा है 'भाई, मंदिर का रास्ता कौन-सा है? मैं घंटियां तो सुन रहा हूं, दिशा मेरी समझ में नहीं आती।'
–आयु में वह मुझसे चार गुना बड़ा है, मैं जोर से हंसे बिना नहीं रहता–जब इतने वर्षों तक रोज मंदिर जाकर उसे रास्ता याद नहीं रहता, तब भला मैं कैसे कह दूं कि मुझे तो मंदिर का रास्ता पता है और यदि पता न भी हो तो घंटियों के सहारे मैं कोई भी रास्ता आसानी से खोज सकता हूं।

सत्य क्या है?

–एक बार महर्षि रमण से किसी ने पूछा, 'सत्य का स्वरूप क्या है?'

–महर्षि बोले, 'यह पूछता कौन है? प्रश्नकर्ता कौन है?'

–उत्तर मिला, 'जिज्ञासु।'

–जिज्ञासु कौन होता है?

–जिसको जानने की इच्छा होती है।

–यह जानने की इच्छा किसको है?

–'मैं' को।

–तो 'मैं' ही सत्य है।

–'मैं' अर्थात् 'व्यक्ति' और 'व्यक्ति' सत्य है, यह सत्य नहीं प्रतीत होता।

–लेकिन सत्य स्वयं में एक तत्त्व नहीं है, एक असत्य को बार-बार दोहराया जाए तो वह सत्य बन जाता है।

–कागज से बना एक विशेष बर्तन 'कागदी' कहलाता है–रुपहला और सुन्दर, लेकिन इतना कमजोर कि जरा-से प्रयोग से टूट जाता है।

–बर्तन का स्वरूप भी एक सत्य है!

❑

–एक कथा है, एक ब्राह्मण पुत्र की। बारह वर्ष बनारस में वह रहा और एक 'बड़ा पंडित' बनकर अपने गांव लौटा।

–जिज्ञासुओं ने संस्कृत के बड़े-बड़े गंथ उसके सामने रखे और पूछा, 'पंडितजी, इनमें महान ज्ञान भरा है, थोड़ा हमें भी सिखाइए।'

–वास्तव में उसने बनारस में केवल अक्षर ज्ञान प्राप्त किया था, वह भी इसलिए हो गया क्योंकि ब्लैकबोर्ड हमेशा सामने रहता था।

–तब भी वह ध्यानावस्थित, एकाग्र पुस्तकों के पन्नों को अपलक देखता रहा।

–जिज्ञासुओं ने समझा, पंडितजी किसी महान ज्ञान को आत्मकेंद्रित कर रहे हैं।

–थोड़ी ही देर में पंडितजी ने उत्तर दिया, 'ये अक्षर बनारस में तो बड़े होते थे, परंतु यहां ये छोटे हैं।'

–इस पंडित की सच्चाई कागदी बर्तनों से किस तरह कम है?

❑

–इसलिए सत्य की प्रक्रिया में मात्र 'मैं' यानी व्यक्ति आता है।

–एक व्यक्ति सृष्टि का नियंता है, एक व्यक्ति समस्त विनाश और निर्माण के लिए उत्तरदायी है। समाज-संगठन की मूल चेतना एक व्यक्ति है।

–ब्रह्मांड का अस्तित्व और विनाश एक व्यक्ति के साथ जुड़ा है।

–एक-एक व्यक्ति की शक्ति अपरिमित व्यक्तियों की शक्ति बनती है।

❑

–सत्य की निराधार खोज में हम कहीं व्यक्ति को तो नहीं भूल गए?

–व्यक्ति को पहचानो, यही सत्य की पहचान है।

–सही अर्थों में सत्य एक आकाश है (अस्तित्वहीन) और व्यक्ति एक 'संज्ञा' जो उसे स्वरूप देता है।

सहचर

अकेलापन और शांति

निस्तब्ध... शांत... एकांत! हवा भी नहीं कांपती। दूर-दूर तक कुछ नहीं पहुंचता। पहुंचाने का प्रयत्न करो तो अपनी प्रतिध्वनि ही वापस आएगी।

❑

–क्या है यह सब?

–बस, कुछ नहीं है। यही सब-कुछ तो अंततः सब-कुछ बनता है।

–साधना, सिद्धि के योग, आत्मचेतना के प्राणायाम और सांस के स्वर भी न सुनाई दें।

–यही है अकेलापन, यही है आत्मरति।

–अकेलापन अपने-आपमें वरदान है।

–अकेलेपन को शांति के स्तब्ध स्वरों के साथ जोड़कर सोचना होगा।

–सोचेगा कौन? हम नहीं, कोई और सोचेगा। बोलेंगे हम नहीं, कोई और बोलेगा। सुनेगा कौन? सुनेंगे हम नहीं, कोई और सुनेगा।

❑

–अकेलापन अपने-आपमें एक वरदान है।

–अकेलापन ही छलनी का काम देता है।

–अकेलेपन की आवाज को हम समझ लें तो वही वट-वृक्ष के नीचे मिला हुआ वरदान सिद्ध होगा।

–स्वर पीड़ितों के होते हैं। पीड़ितों की पहचान स्वर से होती है।

–स्वर बहुरुपिए हैं। स्वरों में गति, छंद, लय, संधि, भक्ति और व्याकरण के समस्त आयाम समाहित होते हैं।

–स्वर नहीं हैं जहां, स्वर्ग है वहां।

–स्वर्ग वहीं होगा, जहां पहचान के क्रियापद नहीं होंगे।

–घोषित करे कोई कि पहचान की मूल अवधारणा उसके पास है–वह स्वर्ण की हो, भस्म की हो, रत्नों की हो या मनुष्य की हो–सबसे बड़े धोखे का केंद्र-बिंदु वहीं होगा।

❑

–चलिए, कभी नदी के किनारे नितांत एकांत में चले जाएं।

–नदी की लहरें दिखेंगी, लहरों के स्वरों की पहचान नहीं होगी।

–हिमालय की उपत्यकाओं में चलें। सौंदर्य सहचरी होगा, मन आनंदमठ का समिधा बनेगा और वे सब तत्त्व मिलेंगे, जो अमरत्व के सीमा-पारखी हैं।

–अकेलापन, निरापद आत्मविश्वास का सत्य, पहचान की असीम सीमा और सत्य के वायुमंडल का पारदर्शी परदा यहीं सीधा खड़ा होगा। साक्षी होंगे हमारे नेत्र। साथी होंगी हमारी बौद्धिक क्षमता और ठहर जाएंगे भीड़ के सभी दरवाजे।

–एकाकी होना अपने हर चिंतन और चेतना से एक होना है।

❑

–सहज मत समझिए इस प्रकरण को।

❍ अकेलापन पूजाघर में नहीं मिलता।

❍ अकेलापन स्नानघर में नहीं होता।

❍ एकदम अकेले बैठे रहिए तो भी अकेले नहीं होंगे हम। हमें तब भी अंतरिक्ष की भीड़ घेरे होगी, लेकिन...।

–इसी भीड़ के लिए तो हमें अकेलापन चाहिए।

❑

–भीड़ की भीषण मारधाड़ के बीच हमें कोई चेहरा मिलेगा, लेकिन वही हमारा सहचारी चेहरा होगा। वही समवयस्क साथी की तरह उस बिस्तर में पड़ा होगा जहां सांसें तो दो होती हैं, सांसों का अहसास एकदम रुक जाता है।

–यह स्वप्निल दिव्य दृष्टि का सहज समवेत स्वर होता है जो होते हुए भी सरस्वती की धारा पृथ्वी के नीचे संचित होती रहती है। पटकथाएं शांत और मौन होकर जीवन के चरम सिंधु में स्वरहीन एकाकार होकर जल के परम शांत स्वरूप का अंग बन जाती हैं।

–सोचिए तो अथाह जल बह रहा है, अनंत है, नीचे भी, ऊपर भी, शांति के याचकों का, संज्ञा के निरीक्षकों का और आत्मज्ञान बोध का वह कितना ठोस धरातल है।

–एकांत के यही आत्मपरीक्षण विनाश के महानद बनते हैं और वहीं से शांति के अनश्वर द्वार खुलते हैं।

❑

–सृष्टि का सृजन अकेलेपन की उपज है।

–सृष्टि के अन्वेषण अकेलेपन की वे बौद्धिक उपलब्धियां हैं, जो मथनी से मथने के बाद मिलती हैं।

–संहार और विनाश का मूल-केंद्र अकेलापन है।

–संरचना और सम-वियोजन का अंतरक्षी ज्ञान अकेलापन है।

—अकेलेपन में संदेह नहीं है, हो भी तो अपने-आप छंट जाता है।

—अकेलेपन में क्रांति नहीं है, उद्भव हो भी जाए तो भीड़ में पहुंचकर ठोकर खाते हुए वह वहीं लौटती है और आत्मचिंतन में खो जाती है।

—अकेलापन कई बार प्रश्नचिह्न खड़े करता है : प्रश्नचिह्न संदेह के होते हैं। प्रश्नचिह्न आस्था-अनास्था के होते हैं। प्रश्नचिह्न श्रद्धा के होते हैं तो अश्रद्धा के भी जो अंततः अंतरिक्ष के गहन गह्वर में डालकर चेतन की सही सतह पर वापस ले आते हैं।

—अकेलापन अत्यंत पारखी होता है। वह श्रद्धा को अंततः जोड़ने और टूटने से बचाता है। वह जानता है। श्रद्धा मन की होती है, श्रद्धा आत्मा की होती है, श्रद्धा तन की होती है और श्रद्धा स्वर की होती है। कसौटी का पारखी इनमें कोई अंतर नहीं देखता। श्रद्धा, श्रद्धा है—मनुष्य के अंतर्तम चेतन मन का वर पारखी पहरुआ है, जो कालखंड से परे है। कालखंड से जो परे होगा, वहां संदेह के बादल कभी नहीं उठते।

❑

—श्रद्धा समर्पण है।

—समर्पण के बाद मात्र अंतर्ज्योति रह जाती है।

—स्वर लहर-मंजरी बन सकते हैं। स्वर हवा में तैर सकते हैं। स्वर जलक्रीड़ा कर सकते हैं, लेकिन जब स्वर की पहचान करने वाले ज्ञान-तंतु ही नहीं रहेंगे तो?

—तब स्वर तिरोहित होंगे और उनके भीतर से ही ज्ञान-चक्षु का मक्खन निकलेगा। जो स्वयं नहीं जानता कि वहां इस स्वरूप में कब, कैसे और क्यों पहुंचा।

❑

—अकेलापन अपराधी भी होता है। वह छुए-अनछुए तत्त्वों, जाने-पहचाने दृश्यों और समझे-न-समझे सभी प्रकरणों को जागृत भी करता है।

—अकेलेपन की यह स्थिति अत्यंत भयावह होती है। इस भयावहता को आत्मसात कर मन की श्रद्धा और बुद्धि चैतन्यता का सहारा लेना होता है। इनके बीच पड़कर वह मथानी में पहुंच जाता है। मथानी से सत्य और ईमानदार और कुछ भी नहीं है, जो सहजता से सब सामने रख देता है।

❑

—अकेलेपन के अनेक खतरे हैं। उन खतरों को हम इन संदर्भों में समझ लें, कोई कारण नहीं है कि अकेलापन हमारे जीवन का वरदान न सिद्ध हो। अकेलापन छलनी बने बिना रह जाए और विश्व के नाश-विनाश और जोड़-तोड़ का सौंदर्य साधक न बने।

—अकेलेपन ने ही हमें शांति दी है।

—अकेलापन ही भीषण अशांति का साधक है।

मैं मनुष्य हूं

–सामने अभेद्य दीवार-सा खड़ा हिमालय।

–कौपीन-मेखलाधारी, शुभ्रवेशी, उदग्रीव, हिरण्यगर्भ तपोदीप्त शरीर से विगलित स्वर्ण-रज आशीषों का अजस्त्र प्रवाह।

–सात्त्विक अखंडता का मानदंड।

–विरही यक्ष की प्रतिध्वनि।

–चीतों के रथ पर भागते हुए सूर्य और तेंदुए से दुबकते हुए चांद को आश्रय देता-सा एक विस्तीर्ण शांति का सैलाब, हिमालय...!

❑

–मैं गर्दन ऊपर उठाकर उसे देख रहा हूं।

–ऊपर श्वेत दांतों-सी जमी हुई बर्फ

–नीचे वर्षा के बाद भीगे हुए बालों को सुखाती हुई किसी कोमल-हृदया रमणी की तरह फैली हुई केश-राशि, जो पानी की तरंगों पर एक नई कीर्तिगाथा लिखने के लिए कटिबद्ध है।

–हिमालय की सीधी ऊंचाई देखकर मैं सहसा एक रुग्ण गरुड़ की तरह ताकने लगता हूं।

–गुरांस के फूलों का सौंदर्य मुझे खींच लेता है।

–मैं फिर कालिदास के 'हिमालयो नाम नगाधिराजः' को सगर्व देखता हूं!

❑

–मैं यानी एक मनुष्य...!

–मनुष्य के बिना यह सारी ऊंचाई व्यर्थ है, पानी की तरंगों पर कीर्तिगाथा लिखने का माध्यम टूटा हुआ है।

–वह विराट अभेद्य-सा रूप किसके लिए है?

–मनुष्य के बिना वह केवल एक श्मशान, एकांत और प्रतीक्षाहीन जड़ स्थिति है।

–सदियों पहले ऐसे ही अचानक अगस्त्य ऋषि ने विंध्याचल पर्वत का गर्व हरण किया था।

–सदियों पहले किसी जड़ पर्वत को अपनी पग-रज से राम ने चेतना दी थी।
–डेढ़ दशक पहले ही सर्वोच्च शिखर पर मानव विजय का ध्वज लहराया था।
–मैं हिमालय को देखकर जोर का अट्टहास करने लगता हूं।
–उसकी व्यर्थता का भान उसे कराना चाहता हूं।
–उसे बताना चाहता हूं कि वह न कभी अभेद्य रहा, न कभी अपराजेय।
–उसकी विराटता को अस्तित्व एक मनुष्य की उपस्थिति से मिलता है।

❑

–इसलिए मनुष्य श्रेष्ठ है।
–मनुष्य वनश्री के सौरभ को नया अर्थ देता है।
–वायु में लटके एकाकी चांद की धवल रश्मियों को उसकी स्निग्ध देह पर देखकर मनुष्य ही उसे आनंद का बोध कराता है।
–रक्तवर्णी सूर्य मनुष्य की वाणी से ही उसके मस्तिष्क पर एक रथ-चक्र बनाता है।
–अचानक मेरा मन जोर से अट्टहास करना चाहता है, मैं मनुष्य हूं, एक चेतना सत्ता, मेरे बिना न हिमालय का अस्तित्व है और न सौंदर्य का ही।
–वर्षों पहले चंडीदास ने भी तो यही कहा था : 'मनुष्य सुनो! तुमसे बड़ा सत्य दुनिया में नहीं है!'

❑

–और आज मैं दृढ़तापूर्वक पानी में भीगते हुए हिमालय को चुनौती देना चाहता हूं–'नगाधिराज सुनो! तुम्हारा अस्तित्व केवल मनुष्य की कृपा पर टिका हुआ है, इसलिए यह गर्व करना छोड़ दो कि कोई नहीं छीन सकता तुम्हें या तुम्हारी ऊंचाई को।'
–विनत हिमालय मनुष्य की कल्पना की क्रीड़ा-भूमि बना रहेगा। उसी को सोचकर किसी इतिहास-पुरुष ने शायद कभी कहा था :
'मनुष्य सुनो! विनय तुम्हारी शक्ति है। मिथ्या गर्व वही करता है, जो शक्ति के सत्य को पहचानने में असमर्थ है।'
–मैं मूंगे की चट्टानों की तरह फैले, चीड़ और देवदार के बीच गुरांस के फूलों से रंग पाते हुए हिमालय की ओर एक हल्की मुस्कान फेंककर गर्व से वापस लौट आता हूं और गुनगुनाने लगता हूं– 'मैं मनुष्य हूं, मैं मनुष्य हूं।'

ईश्वर कहां है?

—बहुत से प्रश्न ऐसे हैं, जिन्हें मैं नहीं जानता। जानने का प्रयत्न करता हूं तो भी उत्तर नहीं मिलता। उत्तर वह, जिससे मनुष्य को संतुष्ट कर सकूं। उत्तर वह जिसके बाद मैं मृगतृष्णा का शिकार न बनूं।

—कौन-सा प्रश्न है वह?—मैं अपने-आपसे पूछता हूं।

—ठहर जाता हूं।

—हां, घंटियां सभी ओर बज रही हैं, व्रत हैं, पर्व हैं, स्मरण के पुण्यतीर्थ हैं। हैं तो, किसके लिए? किताबों में लिखी इबारतें मुझे संतुष्ट नहीं करतीं। हम इतने विभाजित हैं कि किसे मानें, किस पृष्ठ को मानें, किसकी बात मानें। मानें तो मानें, जाएं कहां?

—तलाश सबकी शायद एक है, हां, शायद सबकी एक है—ईश्वर की। सब ईश्वर के पास जाना चाहते हैं।

❑

—ईश्वर के पास जाना तो चाहते हैं, नाम उसका नहीं लेता।

—संज्ञा सबकी अलग है।

—संज्ञा सबकी, अलग है, मीरा हो या कबीर, बात बहुत अच्छी करते हैं। जाना चाहते हैं, दोनों या और सब एक ही ओर किसी संज्ञा के नाम अपना नाम गिरवी रखकर वे प्रसन्न हो जाते हैं।

—संतोष का मजा देखिए : कुत्ता सूखी हड्डी चाटता है। अपने रक्त को वह चाटते हुए उसी में मजा लेता है।

—कुत्ते को अपना ही रक्त सबसे स्वादिष्ट लगता है।

—बिल्ली, चूहे को पकड़ती है। चूहा आसानी से वश में नहीं आता। बिल्ली उसके साथ खेलती है। खेलते हुए उसे पंजे मारती है। खेल-खेल में जीवित चूहा मर जाता है, शेष रहता है चूहे का शव।

—बिल्ली चूहे के शव को प्रेम से चबाकर खाती है।

—बिल्ली और कुत्ते की हरकतों में कोई अंतर नहीं है। अपने-आपसे खेलना और

फिर खेल-खेल में अपने को ही सहज निगल जाना : स्वाद का मूलमंत्र नहीं है।

❑

–स्वाद का सही अर्थ है : वस्तु की पहचान और फिर उसे अपने-आपमें समर्पित करना।

–ऐसा स्वाद मिलना आसान नहीं है :

–समंदर पानी से खेलता है, तब भी समंदर पानी का स्वाद चाहता है।

–हवा बेशक तैरती है, बेबाक तैरती हवा तब भी पंखों के श्रम की याचक है।

–मकड़ी साफ-सुथरी दीवारों में तैरती है। तैरती हैं, किंतु तलाश सफाई की नहीं किसी कोने में, कहीं, कैसे भी हो उस गंदगी की है, जो उसका शिकार बनकर भोज्य-जीवन की अग्नि शिखा बने।

–अंधेरा घूमता है, अंधेरा एक आवृत्त में बंधकर निरंतर अपना संचित कोष छोड़ता है। तलाशता है अंधेरा, प्रकाश की कोई हल्की-सी रश्मि रेखा तो नहीं है। अंधेरा अंततः स्वीकारता है, वह प्रकाश की मात्र एक भटकन है।

–एक नहीं सैकड़ों जीवी, क्षणजीवी और दीर्घजीवी इसी भ्रम में भटकते हैं।

–भटकने वालों में पुरुष योनि भी है। पुरुष योनि ही सबसे ज्यादा कांटों और दीर्घाओं में फंसी है। फंसी है, इसलिए कि उसने अपनी मस्तिष्क चेतना को गिरवी रखकर उधार के अवयव स्वीकार किये हैं।

–कबीर ने कहा था : जो घर फूंके आपना चले हमारे साथ।

–कबीर का अर्थ उस घर से नहीं रहा, जहां परिवारजन रहते हैं, आत्मीय चेतन मस्तिष्क कहां गिरवी है, इसका भी उसे ज्ञान नहीं है।

–कबीर का मस्तिष्क व्यापक वातायन की तरह था। इसलिए अभी भी कबीर को समझने वाले नहीं मिले।

–पंथ के नाम पर कबीर को भुनानेवालों की कमी नहीं है।

❑

–आइए, लौट आइए कबीर से, अपने भीतर झांककर देखिए। देखिए तो सब-कुछ वहीं है। वहीं अमृतकलश है तो वहीं विषपात्र है।

–ध्यान लगाइए। हमारे शरीर में मस्तिष्क के बाहर एक तीसरी इंद्रिय है। नितांत अकेले में उसे देखिए, उसमें समाहित हो जाइए।

–समाहित होने के सम्मोहन की प्रतीक्षा करनी होगी। सम्मोहन की सिद्धि हमारा उत्तर होगा।

❑

–मनुष्य शरीर महान ऊर्जा का अप्रतिम स्रोत है।

–हमारे शरीर में सभी सम्मोहन अ-क्षरण केंद्र हैं। ध्यान की एकाग्रता उन्हें पकड़ लेगी।
–ध्यानावस्थित तद्गतेन मनुष्या।
–शेष क्या बचता है।
–ध्यान के असीम और चरम तत्त्व सत्य में प्रेम के इंद्रधनुषी रंग बिखरे मिलेंगे।
–यहीं इंद्रधनुषी रंग हमारी जीवन-चेतना के साधक यंत्र हैं। यहां पहुंचकर सब-कुछ छोटा हो जाता है।
–यहां तक पहुंचना आसान नहीं है।
–मनुष्य मात्र भोग लिप्सा और सत्ता पिपासा से पीड़ित है।
–मनुष्य संबंधों की मजबूती को देखता है। देखिए, देखिए, जब तक आपका नैतिक अन्वेषण सफल नहीं होता।
–नैतिक अन्वेषण जिस दिन संपूर्ण हो जाएगा, ऊपर उठ जाएंगे हम।
–ऊपर उठने का अर्थ यह नहीं कि संन्यास ले लें और विश्व मंडलीय परिक्रमा से भाग जाएं।
–मैं कहूंगा, नहीं, उनमें और डूबें, शक्ति अर्जित की है तो वह मार्गदर्शक भी होगी।
–सर्प के विष से बार-बार आच्छादित देहयष्टि सर्प के दर्प का दमन कर देती है।
–विषकन्याएं अपने अस्तित्व के संपूर्ण स्वीकार के बाद विनाश करने की संपूर्ण क्षमता रखती हैं।

❑

–मनुष्य देहयष्टि अभेद्य है।
–चंचल है तो मनुष्य-मस्तिष्क।
–विचारों की गठरी इसी चंचल मस्तिष्क की उपज है। कठोर दृढ़शक्ति और इच्छा के मूल्याच्छान से इसे वश में करने की अपार तपस्या को, सिद्धि के उस चरण तक पहुंचाना होगा, जहां न वायु है, न जल और न इनके समान धर्म
–यहां तक पहुंचने में किसी प्रशिक्षण की आवश्यकता नहीं है।
–यहां तक पहुंचना श्रद्धा, शक्ति, विश्वास और संचय-सोच का अंतिम चरण बिंदु है।
–कभी सोचिए न, किस आसानी से हम किसे भूल जाते हैं।
–सोचिए न किस आसानी से हम किसी को भूल नहीं पाते।
–यही सोच परम सिद्धि है।
–सिद्धि के इस द्वार पर पहुंचकर भीतर प्रवेश करने में त्वरित हो जाइए, जरा-सी देर सब-कुछ बिखरा देगी।

–एक बार पहुंचकर देखिए। सब–कुछ देखिए। धरा को, वसुंधरा को, वातायन को, अवयवों को और देखिए अपने आस–पास के घरों को।

–देखिए, देखिए सबको, सब खोखले नजर आएंगे। श्रेष्ठता और अपने अस्तित्व को सम्यक् बोध और कहां मिलेगा!

–पाप, पुण्य, रोग, शोक, सुख, आनंद, अस्तित्व, अनास्तिस्व सब दूर, बहुत दूर लहराते नजर आएंगे।

❑

–हमारा जीवन जनारूढ़ पद्धतियों से नहीं बंधा। बंधा उनके लिए है, जो अविवेकी और भोगी, कामी और अर्जन के तंतुओं से बंधे हैं।

–ईश्वर की परिभाषा उन्हें करने दीजिए। खोजने दीजिए इन्हें परिभाषाओं के मर्म

–मैं स्वीकारता हूं, इन्हीं वादियों, नदी–नालों और घाटियों में घूमता रहा हूं।

–अस्तित्व के आचरण की सीमा और ईश्वर के अस्तित्व में समाहित होने का बीज–मंत्र कभी नहीं खोजा मैंने : जोगी पड़े वियोग कहैं घर दूर है।

–ईश्वर तो मेरे पास है।

–ईश्वर मेरे भीतर है।

–ईश्वर भीतर है तो बाहर भी है।

कौन लक्ष्यहीन है?

–हम अंधकार को टोकरियों में भर-भरकर गड्ढों में डाल दें।

–ऐसा करने से अंधकार क्षीण होगा और उसका अंत हो जाएगा।

–अपने महान नेता के आदेश की जनता कैसे उपेक्षा कर सकती थी!

–टोकरियों में अंधेरा उलीचा जाने लगा।

–अनंत अंधेरे का छोर नहीं मिला।

–राजनेता अंधेरे से बिना प्रयोजन सिर मारती जनता को छोड़कर चले गए।

–अपने घर जाकर उन्होंने दीया जलाया और सब-कुछ भूल गए।

–जनता तब से अब तक निरंतर अंधेरा उलीचे जा रही है।

❑

–अचानक एक आदमखोर ने एक राजनेता को रोक लिया।

–वह सिर से पैर तक कांप उठा।

–आदमखोर ने आश्वासन दिया, 'भय मत करो, मुझे केवल एक प्रश्न का उत्तर चाहिए।'

–राजनेता भाषण की मुद्रा में आश्वस्त हुए।

–'पिछले महायुद्ध में आप लोगों ने इतने आदमी मार डाले, परंतु इतने आदमी कैसे खाए होंगे?'

–राजनेता आदमखोर की मूर्खता पर हंसा।

–'हमने उन्हें खाने के लिए थोड़े मारा था', उसने रोब से उत्तर दिया।

–'तब तो तुम मुझसे भी बदतर हो। अकारण ही तुमने इतने आदमी मार डाले'–आदमखोर ने घृणा से राजनेता को देखा और वहां से चला गया।

–राजनेता चुपचाप अपने घर जाकर सो गए!

❑

–तीसरी सभा में राजनेता ने दोनों प्रसंगों का उद्धरण की तरह उपयोग किया।

–जनता ने पथराव शुरू कर दिया।

–घायल राजनेता विवश देखते रहे।

❑

–एक छोटे-से मकान में सितार बज रहा था कोई मधुर गीत।

–एक कोमल कंठी–'अपने सितार के तारों को ढीला मत छोड़ो और न इतना खींचो कि वे टूट जाएं।'

–'सत्य स्वयं के भीतर है।'

–'उसे पहचान लेना कठिन नहीं है, लेकिन उसके लिए अपने ही भीतर यात्रा करनी होगी।'

–और अपने भीतर यात्रा करने के लिए दृष्टि चाहिए।

–राजनीति और दृष्टि : एक अट्‌टहास।

–राजनेता और यात्रा : एक सुखद स्पंदन।

–मन के भीतर की यात्रा ! समय कहां है? आवश्यकता भी नहीं!

❑

–ईसा ने कहा था : 'केवल रोटी से आदमी जीवित नहीं रह सकता।'

–किसी ने पूछा था : 'क्या वह भी तुम दे सके हो?'

–ईसा की आंखों में आंसू आ गए थे।

–राजनेता के चेहरे पर यही प्रश्न सुनकर मुस्कान उतर आई थी।

–जनता ने उनसे कुछ सुनना तो चाहा है!

–वे आश्वस्त हो गए, जब तक ये सुनते रहेंगे, रोटी की मांग नहीं करेंगे।

–फिर इन्हें अंधेरा उलीचने के काम में लगा दिया जाएगा।

–अगली सुबह होने तक शेष शक्ति प्रश्न जुटाने में असमर्थ होगी।

–किसी आदमखोर का अट्‌टहास इन्हें भयभीत करने लगेगा।

–भय के मारे वे अपने-आपसे लड़ते रहेंगे।

❑

–'अंधकार से लड़ना अभाव से लड़ना है।'

–'लड़ना है तो प्रकाश पाने के लिए लड़ो।'

–'जो प्रकाश पा लेता है, वह अंधकार को मिटा देता है।'

–अट्‌टहास से जनता कांप जाती है।

–यह पुस्तकीय ज्ञान हमें नहीं चाहिए : राजनेता का उद्‌घोष था!

❑

–एक प्रश्न उभरकर रुक गया है।

–'कौन लक्ष्यहीन है?'

–'कौन दिशाहीन है?'

–'कौन निष्प्रयोजन है?'

मनुष्य की विडंबना

सोचते वे हैं जो भोगते हैं

–शानदार कोठी। बंगला, कारें। फ्रांस से मंगाया गया फर्नीचर। वह अपने ड्राइंगरूम में अकेला शान से बैठा था। बरामदे में चहल-पहल थी, हलचल और बेलों की झाड़ियां जो अक्सर अनजानी जगहों में उग जाती हैं।

– 'यह सब क्या है?' अपने-आपसे वह पूछता है। फिर आलीशान ड्राइंगरूप को देखता है।

- अचानक वह मुस्कराता है।
- मुस्कराहट हंसी में बदल जाती है।
- हंसी के बाद अट्टहास।
- अट्टहास किसलिए? किसके लिए?
- उसके स्वर तीव्र होकर बाहर तक जाते हैं।
- नेताजी आज बहुत प्रसन्न हैं।
- हां, अभी जो आदमी निकलकर गया है, न वह...!
- हां, हां वही तो है। एक साथ बीस दर्जन पेटियां देकर गया है।
- बीस दर्जन!
- हां, उंगलियां उठती हैं और फुसफुसाहट होती है, चुप रहो...बस। आज रात नेताजी बहुत बड़ी पार्टी लोगों को देंगे...हां, हम लोगों को...बस।
- हम लोग कौन?
- कोई नहीं, बस हम लोग। हां, हम लोग, बस हम लोग तो, और कौन।
- पेटियां दिलवायी किसने हैं?

–एक और उंगली उठती है तो सब घेर लेते हैं।

–वह चुप है। मौन है।

❑

–भीतर का अट्टहास अचानक रुक जाता है। शांति, एकदम शांति।

–बाहर, वही माहौल। प्रतीक्षा, बस प्रतीक्षा।

–झूठ की नाव समंदर में लहरें लेती हुई तैर रही है।

–सत्ता के लिए तैरती नाव श्रद्धा है।

–श्रद्धा शक्ति का प्रतीक। शक्ति अनुभव से बाहर है।

–शक्तियों के अनेक दायरे होते हैं–नैतिक, भौतिक, मानसिक, तामसिक, धार्मिक, अधार्मिक, कार्मिक और चार पहियों की आगे-पीछे झुकने वाली कुर्सी इत्यादि-इत्यादि।

–सुख तो सुख है।

–सुख बहुआयामी भले हो, उसका सार-तत्त्व एकाग्र है।

–यही सुख श्रद्धा का कवच पहनना चाहता है।

–सुख की जीवन यात्रा श्रद्धा से प्राप्त शक्ति और शक्ति से प्राप्त अर्जन-सृजन का गोलाकार चौराहा है।

–उपदेश मत दो! मत कहो कि सत्य यह है, सत्य वह है।

–सत्य शिकायतों की लंबी गाथा है।

–शिकायतें हर कमजोर के खोखले द्वारहीन दरवाजे की दस्तक हैं।

–दस्तक भी ऐसी कि न द्वार है और न खिड़कियां, दस्तक वहां की हवाएं झेलती हैं।

–ठीक वैसे ही जैसे गरीब की इच्छाएं भी गरीब होती हैं।

–दुनिया-भर का पहाड़ा गरीब मस्तिष्क के लिए है। जिनके पास मस्तिष्क ही नहीं है, उन्हें पहाड़े की क्या जरूरत। पहाड़ा तो बड़ी चीज है, उन्हें कैलकुलेटर की भी जरूरत नहीं है।

–जरूरत उन्हें होगी जिनके पास 'चाहत' की यह संज्ञा होगी–जरूरत।

–जहा उलट बांसुरी बजती हो, वहां स्वर साधना अथवा स्वर प्रदक्षिणा का क्या काम!

❑

–मेरे मित्रो, इसलिए आरंभिक उपदेश की चिंता मत करो।

–चिंता मत करो उस भीड़ की, जो बाहर खड़ी है।

–सोचना है, समझना है, चिंता करना है तो उसकी करो जो भीतर है, लेकिन याद रखो, यह तुम्हारी अपनी नितांत चिंता है। उससे अभ्यांतर का कोई सरोकार नहीं है।

–सरोकार उसका किसी चिंतन से नहीं है। एक बहुत बड़े चिंतन की भीड़ से वे गुजर चुके हैं।

–हत्याओं की मिसालें न तो हत्या का द्वार पूछतीं और न विवेचन करतीं। कर

दिया सो कर दिया। कर दिया तो भूल जाना चाहिए, भोगेंगे वे जो सहयोगी थे और भोगना पड़ा तो कहावत स्वीकार है : हर दर्द का अंतिम सत्य सुख है।

❑

–सोचते वे हैं, जो भोगते हैं।

–जो भोगते हैं, वे सोचने की प्रक्रिया को भी पहचानते हैं।

–आधा और अधूरा हमारा मानदंड है, हमारा यानी लक्ष्मण-रेखा के बाहर है जो, लेकिन ठहरिए यह सत्य भी तो टूट गया। लक्ष्मण-रेखा का अर्थ सदियों पहले टूट गया था।

–तब शेष क्या रहता है : शून्य।

–शून्य पूर्ण का द्वार है।

–शून्य पूर्ण का द्वार है, यह भी समय की लक्ष्मण-रेखा ने गलत सिद्ध कर दिया है। वैसे भी सोचिए तो, शून्य में अस्मिता कहां शेष रहती है, कहीं नहीं। शून्य में अस्मिता शेष नहीं रहती, यह अर्द्धसत्य नहीं, संपूर्ण सत्य है।

–मकड़ी के जाले में फंसाकर शेष कुछ रह जाता है तो अपनी जीवन-रेखा संचयन का संघर्ष

–मकड़ी जाल बिछाकर अगले शिकार के लिए चली जाती है। छोड़ जाती है सोचने को कि सत्य क्या है, आत्मा कहां है, शून्य की विवेचना का कितना अर्थ है। शून्य को खोजना व्यतीत का हाथ से छूटा हुआ चिंतन है।

–व्यतीत में थे तो वर्तमान को नहीं समझा। वर्तमान में हैं तो अतीत की मृगतृष्णा घेरती है। यह जाला नया कुछ भी नहीं सोचने देता।

–आस्था का अर्थ बदल देते हैं हम और अपने तात्कालिक परिवेश में समाहित हो जाते हैं।

–आस्था जैसे चिरंतन सत्य को पीढ़ियों में बदलते रहना, मकड़ी के जाले में फंसी अपनी अस्मिता की पहचान से अधिक सुरक्षा-कवच खोजना है।

–इन उपकरणों को खोजने का अर्थ क्या है? सत्य और असत्य के बीच एक से मैत्री दूसरे से तिरस्कार पाना वांछित नहीं है।

–परिभाषाएं समय और सीमा की साक्षी होती हैं। कई बार असत्य अथवा झूठ बोलना भी एक सत्य है।

–बाहर की भीड़ और भीतर की शांति ने यही शिक्षा तो दी है कि किसका सत्य किसके लिए है, कितना असत्य किसका है और कब तक उसे रहना चाहिए।

–ठीक वैसे ही जैसे शिकायतों की हमेशा एक लंबी गाथा होती है। गाथा यानी कथा, कहानी।

–गाथा हमेशा लंबी होगी, वह मात्र उपदेश का उपदंश तो नहीं, जो कुछ टूटे-फूटे शब्दों में उभरकर आ जाएं।

–टूटे-फूटे शब्दों की विकृति धर्म के साथ भी नहीं होती।

–धर्म स्वयं कहता है :

मेरी कोई पहचान नहीं है
मेरा कोई आग्रह नहीं है,
मेरा अपना निजी सत्व नहीं है।

–संभवत: इसलिए ये सभी विवेकहीन हैं : धर्मगुरु, धर्म भाई, धर्म बहन, धर्मपत्नी, धर्मशाला और धर्म देवता भी।

❑

–मैं लिखता रहूंगा, आप पढ़ते रहिए : बाहर की भीड़ और भीतर की 'उस अशांति' का अर्थ न आप समझ सकेंगे और न मैं समझा सकूंगा। यह मान लो कि दूसरे के बगीचे की घास हमेशा हरी होती है।

इतिहास

—व्यतीत को समझने का माध्यम है इतिहास। इतिहास व्यक्तियों के जीवन-वृत्तांतों की कला-रचना है।

—उनके छोड़े हुए पदचिह्नों की छाप वह तुरंत अपने पृष्ठों पर अंकित कर लेता है।

—मैं इतिहास के पन्नों को फड़फड़ाते हुए देखता हूं। कबूतर की तरह विवश वह पीछे भागता है।

—विक्रम, ईसा, शक, हिजरी—इन सारे काल-खंडों को पार करता हुआ वह त्रेता वह द्वापर-युग में जा पहुंचता है।

—त्रेता युग में राम हुए थे।

—और द्वापर में कृष्ण।

—राम और कृष्ण भारतीय संस्कृति के कंठहार, भारतीय संस्कृति के प्राण, भारतीय संस्कृति के आधार।

❑

—मैं इस आस्थावान देश को देखता हूं।

—खेतों में हल जोतने वाला किसान या करोड़ों की संपत्ति का स्वामी व्यापारी।

—यहां का पंडित, यहां का भिखारी, यहां का वैज्ञानिक, यांत्रिक, शोधकर्ता अथवा धर्म से लड़ता हुआ एक पागल व्यक्ति।

—सभी एक आस्था के इर्द-गिर्द चक्कर लगा रहे हैं।

—सोचता हूं इस देश का क्या होता, यदि यहां राम और कृष्ण जैसे महान व्यक्ति न हुए होते!

—क्या कहा : महान व्यक्ति?

—आवाजों के दायरे में मैं घिर जाता हूं।

—तुम नास्तिक तो नहीं हो?

—तुम संस्कृति के विरोधी प्रतिगामी पुरुष तो नहीं हो?

—निश्चय ही तुम भारतीय नहीं हो।

–आवाजें प्रतिध्वनि बनकर मुझे आक्रांत करने लगती हैं।

–लेकिन मैं नास्तिक नहीं हूं।

–मैं भारत की महान संस्कृतियों पर गौरवान्वित होने वाला एक ऐसा नागरिक हूं, जो हर युग और हर संस्कृति में उसके साथ जुड़ा रहा है।

❑

–राम और कृष्ण मेरे संबल हैं।

–अंधेरे में भटकते हुए मेरे संतप्त मन और चक्रवात में फंसे क्षणों में वही मेरे आधार हैं।

–राम : एक निर्भीक आदर्श के प्रतीक।

–राम : भारतीय समाज के उच्छ्वास (वास्तविक जीवन में राम कब सामाजिक बन पाए–जब उन्होंने होश संभाला तो वनवास, वनवास की संकटपूर्ण अवधि पार की तो पत्नी-वियोग, शासन में समस्याएं, पुत्रों का प्रतिरोध और अंत में सरयू में डूबकर आत्महत्या!)

–राम : इस देश की जनता और संस्कृति के प्राण हैं।

–और कृष्ण?

–कर्म ही जीवन है।

–कृष्ण ने भारतीय राजनीति को नया स्वरूप दिया।

–वे निरंतर समय के साथ जूझते रहे और उस पर विजय पाते रहे।

–मैंने कहा था, इतिहास के पन्नों में खो जाना मेरी कमजोरी है।

–मैं कैसे कह दूं कि ये दोनों प्रेरणा-पुरुष इतिहास के पृष्ठों में नहीं हैं।

–मैं कैसे कहूं :

> 'बिनु पद चले, सुने बिना काना।
> कर बिनु कर्म करे विधि नाना।।
> आनन रहित सकल रस भोगी।
> बिनु वाणी वक्ता बड़ योगी!'

–नहीं, मैं यह कहकर एक व्यक्ति के महान जीवन का अंत नहीं कर सकता।

–जिस दिन उन्हें व्यक्तियों के घेरे से निकाल दूंगा, वे मेरे आदर्श-स्तंभ नहीं रहेंगे।

–वे मेरे प्रतीक-पुरुष नहीं बन सकेंगे।

–तब मेरी संस्कृति लंगड़ाती नजर आएगी।

–भारतीय जीवन का रस स्रोत सूख जाएगा।

–संकटपूर्ण घड़ियों में मैं अकेला प्रलाप करता हुआ भटकता फिरूंगा।

–क्योंकि 'ईश्वर', 'भगवान', 'गॉड' या 'अल्लाह'–ये सब व्यक्तियों से परे हैं।
–उनके अस्तित्व के साथ-साथ 'भाग्यवादी' होने का भान भी कहीं जुड़ा है।

❑

–मेरे दोस्त! अपने आदर्श की स्थापना के लिए इतिहास को मत झुठलाओ।
–अपने संयमित और शाश्वत जीवन के लिए बने हुए प्रेरणा-केंद्रों पर स्याही न पोतो।
–निम्नतम जिंदगी से ऊपर उठकर उच्चतम स्तंभ तक पहुंचने के लिए अपने सामने फैले हुए इन आदर्श महापुरुषों को अपनी पहुंच से परे मत करो।
–क्योंकि मनुष्य ही मनुष्य की गति पा सकता है और इतिहास के पृष्ठों पर जाकर 'देवता' बन सकता है :
–क्या हम-सब वह नहीं बनना चाहते?
–क्या हमारी आकांक्षाओं और स्पर्धाओं की कोई अंतिम केन्द्र-रेखा है?

❑

–मैं राम और कृष्ण दोनों के सामने विनत हूं।
–उन्होंने अपने कर्मों और अर्थों से इतिहास को आवाज दी है।
–आकाशगंगा की तरह वे हमारे लिए एक निरभ्र-पथ छोड़ गए हैं, आओ बंधु, हम उस पर चलें!

संयम का सांप

–एक मानता है, दूसरा नहीं, तीसरे को सभी मान्यताएं अस्वीकार्य हैं, इसके बावजूद बार-बार प्रश्न उठाए जाते हैं और सिद्धांतों की स्थिरता का ढोल पीटा जाता है।

–क्यों होता है यह?

–कौन करता है ऐसा?

❑

–शहर की भीड़...आदमी और अस्तित्व-बोध। प्रगति और विकसित होते हुए आयाम तोड़-फोड़ भी तो करते हैं।

–वही सब नहीं है जो बाहरी टूटन है, भीतर की दरार शायद अधिक प्रबल और गहन होती है।

–वह दरार व्यक्ति की सूक्ष्मतम गंथियों के साथ समाविष्ट होकर उसकी मानसिक संवेदनाओं पर प्रहार करती है।

–मनुष्य की विडंबना यही है–वह मजबूत होते हुए भी कहीं बहुत कमजोर है। मस्तिष्क का हल्का-सा तंतु हिला नहीं कि जैसे भू-चाल आ गया।

–मौसम कभी चोरी से नहीं आता, वह संकेत देता है और सावधान करता है वायुमंडल को, लेकिन मौसमों के बीच अचानक उलझनें कैसे आ जाती हैं?

–वहां मौसम क्यों चुप रहता है? क्यों आते हैं आंधी-तूफान, फट पड़ता है बादल और जलने लगती है धरती? सब-कुछ ऐसे होता है–जैसे बैठा हुआ सही आदमी एकदम बागी बन जाए!

–मौसम की संवेदना आदमी की संवेदना से भिन्न नहीं है, संभवतः इसलिए मनुष्य का सबसे पहला आकर्षण है प्रकृति!

–प्रकृति निष्क्रिय नहीं है। उसकी कार्य-पद्धति वायवीय भटकन नहीं है।

–लगता है, एक संविधान है उसका और हर कीमत पर वह उसकी रक्षा करती चलती है।

–संविधान हम तोड़ते हैं। हम यानी प्रकृति-प्रदत्त मनुष्य। जब वह वहशी हो जाता

है तो सारे संकेत और प्रावधान रद्दी कागज से अधिक महत्त्वपूर्ण नहीं होते।

–सुविधाओं के योग उन्हीं अक्षरों के अर्थ देते हैं।

–यह एक विरोधाभास की स्थिति है।

❑

–विपरीत स्थितियां और विसंगतियां न्याय की तुला नहीं बन सकतीं। तर्क तभी काम देता है, जब समता-योग का आश्वासन मिलता है।

–एक दिन अचानक एक घटना हो गई : संशय का सांप समाधान की अरगनी पर चढ़ गया।

–अथक खोजबीन, परंतु सब व्यर्थं

–अरगनी शरीर-रक्षक अवयवों की जीवनी-शक्ति है।

–पूरे दिन आवृत्त और रात्रि के अंधकार में नरम।

–संशय का सांप कैसे खोजा जाए? प्रकाश में अरगनी को निरावृत्त करना दुस्साहस है और रात्रि की प्रतीक्षा मृत्यु के गिरजाघर की घाटियां हैं।

–समाधान कैसे होगा?

–अरगनी पर जो कुछ टंगा है सामान नहीं है–अर्थ के दायरे, चेतना की सोच, रुचि-अभिरुचि के आयाम और संस्कारों की परिधि उसे छायावृत्त किए हैं।

–परिणाम, इन वृत्तियों की प्रतिक्रिया ही हो सकता है।

❑

–राजधर्मा बुद्ध संपन्न व्यक्ति थे। अचानक वे गौतम बन गए और सत्य की खोज में निकल पड़े। एक सत्य प्रस्थापित हुआ, परंतु... समय के हाथों वह सिद्धांत नहीं बन सका। अनेक सिद्धांतों ने उसी अरगनी पर अपने सांप छोड़ दिए।

–एक ही अर्थ में अनेक अर्थ खोजे जाने लगे।

–जिस सार्थकता के लिए राज-वैभव का एक व्यक्ति ने त्याग किया और अपने शरीर को तिल-तिल कर नष्ट कर दिया, उसे ही अपनी समूची यात्रांत में अपने सहयोगियों को सावधान करना पड़ा कि इन अविकारी मार्गों में कोई व्यवधान न आने पाए। यह उपलब्धि अनंत श्रम का प्रतिफल है।

–समय का पहरुआ आंधी की तरह अपनी लाठी घुमाता है।

–उसे कोई नहीं रोक सका।

❑

–सामर्थ्य असीम नहीं, लेकिन जब तक वह प्रबल होता है, सब पर हावी बना रहता है।

–वही सिद्धांतों को तार्किक अर्थ देता है।

–उन अर्थों को सामान्यतया स्वीकारा जाता है, क्योंकि स्वीकारने वाले समताहीन हैं।

–जिस दिन समर्थ व्यक्ति कमजोर पड़ा, उसी दिन सारा चुप मुखर हो उठता है। वह शोर और आंदोलनों में बदल जाता है।

–यहीं से फिर एक–दूसरा सिद्धांत प्रस्थापित होता है।

–नियति की यह श्रृंखला है और पृथ्वी की तरह निरंतर गतिशील है।

❑

–इसलिए सिद्धांतों को पीटना व्यर्थ है। वे तो चमड़े में आवृत्त ढोल में कैद हैं, जब जैसे हाथ उस चमड़े पर पड़ेंगे, वैसे ही तो स्वर निकलेंगे।

–हर स्वर एक सिद्धांत होगा।

–हर पल परिवर्तन का संकेत है।

–परंपराएं भी इसी आधार पर बनती और बिगड़ती हैं।

–इनका न कोई हल है, न निराकरण। संशय का सांप जब मन से नहीं हटता तो समाधान की अरगनी पर वह चढ़ेगा ही।

–समाधान जब स्वयं विष पीड़ित हो गया, कौन उसे पी सकता है : बार–बार शिव पैदा नहीं होते, सांपों की संख्या निरंतर बढ़ती जाएगी और हर सिद्धांत उसका निवाला बनेगा।

परिचय : परिभाषाएं

1. सत्य

सत्य है आकाश
इसलिए कि आकाश की कोई छाया नहीं होती।
छाया न होते हुए भी विस्तीर्ण है, फैला एक वितान-सा
संरक्षण का अध्येता
और विश्वास का स्वर-साधक।

2. अच्छाई

न भव्य है और न दृश्य,
वह केंचुए-सी सुप्त
और सर्वज्ञ व्याप्त है।
हर क्षण, हर मौसम में
चुनौती देती हुई अच्छाई
उभरकर आती है।
उसे काटकर टुकड़े-टुकड़े कर दो,
मरती नहीं।
हर टुकड़ा केंचुए-सा
जिन्दगी की सांस बनकर
विस्तार लेता है।
फैला जाता है, जितना छोटा
उससे कहीं अधिक।

3. भय

सबसे बड़ा भय
मृत्यु।
मृत्यु का भय
झेलने वाले
अनश्वर को आत्मसात्

कर लेते हैं।

4. झूठ

भूलों का एक सिलसिला!
फटी रजाई–
जितना-सी जाएगी उधड़ेगी
उतनी ही!
तब उधड़ी हुई सीवन-सा
एक छोटा-सा झूठ
अनेक मुखौटों में बदलता हुआ।
अंत में
भय के गर्त में आकर
छटपटाने लगता है।
किसी मरीज की छूटती जिंदगी-सी!
भयभीत, क्योंकि न उसके पांव हैं,
न पंख, न श्रवण चेतना और स्थितिप्रज्ञ।

5. कालजयी

कालखंड से अपराजित,
मृत्यु की कल्पना से निर्भय,
मनुष्य को समदृष्टि से देखते हुए,
उसके हर दर्द को झेलते हुए–
नहीं रहा कभी वह सदियों की कैद में!
सदियां बदलती रहती हैं
मौसम की तरह।
कालजयी–
पानी को सोखने वाली हवा-सा
अडिग, अचल
खड़ा रहता है हमेशा निर्भय!

6. बंधन

बंधकर जीता नहीं कभी वह,
बंधती है जिंदगी विवश होकर उससे!
घृणित अवहेलना की मानसिक–

रुग्णता से करबद्ध
वह याचना करती है।

व्यतीत, वर्तमान, भविष्य,
सबको नकारता हुआ
बंधन!
निर्बद्धता का आभास देकर
स्वच्छंद जीता है।
अनंत के छोर तक,
जन्म मिला है,
उसे निर्बाध-भोग के स्वच्छंद क्षणों में।

7. धूप

आग बरसाती धूप
पसीने से ही भिगो सकी,
गला नहीं सकी वह देह!
छाया में–
पसीने की सड़ांध में सत्य की कोमलता का वह आभास मिला,
जो मशीनीकरण से कोसों दूर था!
भय दिखाकर परीक्षा का
चली गई धूप,
ज्ञान की पाठशाला में।
सर्वोच्च अंकों का पर्वत-शिखर सीधा खड़ा हो गया!

8. आश्वासन

वह देता रहा, झड़ी लगाता रहा,
मृततृष्णा में भागता रहा
निरीह कस्तूरी मृग-सा।
समय के निरीह हाथों–
हथेलियों से अचानक खून
गिरने लगा–
एक दिन आश्वासन
स्वयं अपनी सुरक्षा के लिए भागा।
शरण मिली उसे,

समय की शिलाओं में।
आश्वासन का संरक्षक
समय की शिलाओं में पिसकर ही,
अपने अंत का
लिख देता है स्वयं इतिहास!

9. जाति

बांटने के लिए
बिना खेत जोते
बो दिए उन्होंने बीज!
सूर्य की सुनहरी चादर के नीचे
हुई एक हत्या!
हत्या जिसकी हुई
पहुंच गया वह स्वर्ग के द्वार।
हत्यारा–
भागता रहा अंधेरे की तलाश में
निरंतर भागता वह
अंतत: पहुंचा काल-कोठरी में।
धर्म बांटने वाले–
वहां काली चादर ओढ़े सो रहे थे।
स्वर्ण किरण में लिखी,
मूर्खता के इतिहास की काली छाया।
बांट गई–
घर-द्वार, हाथ-पैर, शौच-अशौच,
धैर्य-अधैर्य, परिचय-आपरिचय
देह-धर्म के सभी अवयव बांट गई वह!
स्वर्ण किरण में जब बदली,
उजागर हुई तब
शहनाई बजी दूसरे घरों में।
बांटने वाले खड़े थे बाहर,
बने–
भिक्षु और याचक?

■■■